KB054715

공감하는 유전자

공감하는 유전자

Das empathische Gen

삶의 방향을 바꾸는 인간의 생물학적 본성에 대하여

요아힘 바우어 지음 | 장윤경 옮김

매일경제신문사

현대의 우리가 잊고 사는 '인간성'의 중요함을 일깨우는 책
이다. 이 책에 의하면 인간성은 인간의 생물학적 본성으로
인류가 당면한 과제를 헤쳐 나가는 중요한 요소다. 우리 마
음에 따라 유전자가 반응하고 활동하며, 그것이 우리의 지
속 가능한 미래와 공공의 목적을 이루는 데 기여할 수 있다
고 말한다. 리처드 도킨슨의 《이기적 유전자》에 정면으로
맞서는 이 책을 일독을 권한다.

— 이광형(KAIST 교수)

행복을 바라는 것은 높은 목표일지 모르나 의미 있는 좋은
삶은 살아야 하지 않을까. 뇌과학과 철학이 물과 기름과 같
은 이질적 학문이 아니라 같은 곳을 바라보고 있었다. 내과
및 정신과 의사이며 세계적 과학자인 저자의 깨달음이다.

좋은 삶을 살 능력이 우리 유전자에 날 때부터 각인되어 있고, 또 공감하며 선한 삶을 살수록 좋은 유전자가 작동해서 건강한 신체를 유지할 수 있다는 것이다. 몸과 마음의 상호작용에 관심 있는 분들에게 큰 도움이 될 책이다.

— **하지현**(건국대학교병원 신경정신과 의사, 《정신의학의 탄생》 저자)

누구나 한번 산다. 그러니 잘 살아야 한다. 잘 살기 위해 필요한 것은 무엇일까? 사람은 돈 만으로는 좋은 삶에 도달할 수 없다. 저 혼자서만 행복할 수도 없다. 좋은 삶을 살기 위해서는 의미 지향적이고 사회적인 삶의 태도가 필수적임을 이 책은 과학을 통해 증명한다. 공감은 윤리적 선택이자, 동시에 근거 있는 과학이었던 것이다.

— **노명우**(사회학자, 니은서점 마스터북텐더)

유전자 결정론은 인간에게 희망보다는 절망을 많이 안겨주었다. 모든 것을 유전자가 결정해버린다면 인간이 바꿀 수 있는 영역은 협소해질 수밖에 없기에. 《공감하는 유전자》는 바로 이 유전자 결정론의 비관적인 세계관을 통쾌하게 날려버린다. 이 책은 유전자가 결코 인간의 모든 것을 결정하지 않는다는 것, 유전자는 어떤 정해진 본성이 아니라 '소통'의 매개체라는 관점을 보여준다.

중요한 것은 좋은 유전자와 나쁜 유전자가 아니라 '한 사람 한 사람의 삶 속에서 유전자의 활동이 어떻게 조절되느냐'의 문제다. 우리는 저마다의 행동과 실천으로 삶을 바꿀 수 있기 때문이다. 어떻게 연주하느냐에 따라서 전혀 다른 음악을 표현할 수 있는 피아노처럼, 우리의 유전자도 '우리가 어떻게 살 것인가'에 따라서 전혀 다른 미래를 보여줄 수 있다. 우리 모두는 유전자라는 몸속의 피아노를 연주하는 뛰어난 피아니스트가 될 수 있다. 이제 우월한 유전자, 이기적인 유전자를 넘어, 공감하는 유전자, 소통하는 유전자로 나아갈 때다.

— **정여울**(작가, 《끝까지 쓰는 용기》 저자)

나의 어린 손녀 졸리 솔Jolie Sol에게

CONTENTS

우리는 지금 변화 앞에 서 있다. 우리는 어떻게 내일의 세계로 나아가야 할까? 자연의 법칙이란 명목으로 정당화된 이기적인 전략은 선한 삶과 미덕을 추구하는 삶, 더불어 사는 삶과는 정반대 지점에 있다. 이 책을 통해 나는 우리 본연의 정신뿐만 아니라 생물학적 특성을 바탕으로 하여 우리 인간이 인간성(다시 말해 인간다움)을 지향하는 존재임을 분명히 밝히려 한다.

삶에 대한 '의미' 지향적인 태도와 사회 친화적인 자세는 서로 다르지 않다. 그러니까 공공심은 우리 인간에게 긍정적이고 건강에 이로운 유전자 활동 패턴을 이끌어낸다. 우리의 유전자는 이기적이지 않다. 앞으로 내가 분명하게 논의를 펼치겠지만 우리는 '좋은 삶'을 살도록 정해져 있다. 단지 우리의 유전자 때문만은 아니다.

의미 지향적인 삶을 살기로 설정된 내면의 태도는 내적으로뿐만 아니라 외적으로도 효력을 발휘한다. 즉 이러한 삶의 태도는 우리의 신체적·정신적 건강에도 이로울뿐더러 미래의 도전과 난관을 극복해낼 수 있는 자리로 우리를 옮겨놓는다. 의미 지향적이고 철학적 의미의 '좋은 삶'이란 그리 복잡하거나 특별한 것이 아니다. 크고도 작은 이 지구에 머무는 인류로서 우리가 서로 잘 '더불어 살아가는 것'을 뜻한다. 만일 우리가 이를 해낸다면 우리 모두는 희망찬 시선으로 미래를 바라볼 토대를 가지게 될 것이다.

나는 우리가 인간으로서 필수적인 내면의 전제 조건을 마음대로 다룰 수 있음을 보여주려고 한다. 더불어 우리 안에 자리한 잠재력을 어떻게 펼칠 수 있는지 자세히 풀어 전하려고 한다. 이는 각 개인과 사회 전체 그리고 전 지구적 공동의 삶에 아주 중요한 문제이기 때문이다.

현재 우리는 불확실을 비롯해 불안과 증오 그리고 잘못된 소문과 유언비어의 확산을 몸소 경험하고 있다. 역사를 되새겨보면 불안과 소요의 시대는 결코 새로운 현상이 아니며, 반복적으로 등장해 종종 극심한 고통(무엇보다 전쟁 같은)을 수반하곤 했다. 전쟁 같은 불화는 가급적 일어나지 않도록 막아야 한다. 최근 인류의 역사에 있어 전쟁의 불안과 공포를 실감케 한 최악의 사례는 유럽 땅에서 발발한 국가사회주의와 이로 인한 제2차 세계대전이라고 할 수 있다.

평화는 절대 당연한 것이 아니다. 이 시대의 불행을 암시하는 징조는 도처에 널려 있다. 거의 멸망해가는 미국의 민주주의, 세계의 자원을 무분별하게 계속 사들이는 거대 투자자들, 기후 위기, 그리고 허위 정보로 가득한 인터넷 등. 이러한 상황 속에서 이른바 코로나 팬데믹이 생겨났다. 바이러스의 대유행은 인간이 벌인 자연 파괴의 결과 중 하나다. 코로나 팬데믹이 발발하기 20개월 전에 몇몇 학자들은 이를 미리 예견하기도 했다.[1] 하지만 이러한 예견은 누구의 이목도 끌지 못했다.

때때로 우리는 풍요의 황홀함 속에 도취되어 사는 것처럼 보인다. 2021년 여름에 유럽에서 발생한 치명적인 대홍수는 (계속되는) 경고다. 따라서 우리가 오늘날을 위기 상황이라 칭한다 해도 결코 과장이 아니다. 그렇다면 이제 우리는 무엇을 해야 하며, 또 무엇을 할 수 있을까? 개인으로서,

사회 구성원으로서 우리가 두 발을 디디며 행동으로 옮길 수 있는 단단한 토대는 과연 어디일까?

우리를 마비시키는 풍요의 황홀함을 비롯해 불확실, 불안, 공포, 우울, 허위 정보, 증오로부터 우리를 구해낼 수 있는 것은 다음과 같다. 사실로의 귀환, 지식에 기반을 둔 차분한 관찰과 성찰, 가치를 지향하는 태도와 행동. 이 중 특히 중요한 두 가지 분야가 철학과 의학이다. 물론 기업화된 병원의 현금인출기가 되어 경제화에 매몰되고 세속적으로 타락한 오늘날의 병원 진료는 여기에 해당되지 않는다. 분자생물학과 신경과학 그리고 인간 전체를 들여다보는 심신의학 같은 분야를 말하는 것이다.

우리 시대의 주요 철학자들은 지금의 현실을 단순히 위험한 상황으로만 바라보지 않고 도덕적으로 암담한 상태로 인식한다. 즉 현재 지구에 닥친 위기가 오늘날의 인류를 추락시킬 정도로 위태롭다고 본다. 천재로 주목받고 있는 독일의 젊은 철학자 마르쿠스 가브리엘Markus Gabriel은 《어두운 시대의 도덕적 진보Moralischer Fortschritt in dunklen Zeiten》라는 책으로 자기 분야를 대표하여 현 시대를 통찰하고 있다.[2] 독일 본 대학교에서 철학을 가르치고 있는 가브리엘의 통찰은 미국에서도 중요한 철학적 목소리로 여겨지고 있다. 내가 프라이부르크대학교에서 학생들을 가르칠 무렵 그도 거기 있었다. 지금처럼 스타 철학자로 부상하기 전으로, 내가 주관하는 일련의 학제간 강연을 여러 차례 맡기도 했다.[3] 내가 베를린으로 거처를 옮기고 난 후 우리의 대화는 이곳에서 계속 이어졌다. 그는 이 학제간 프로젝트에서 '새로운 계몽 Neuen Aufklärung'을 불러일으켰는데, 이를 간단히 말하자면, 매체의 소음으로부터 몸을 돌리고 우리가 정말로 아는 것과 실재에 시선을 던지는 일이다.

거대한 변화의 시대에는 희망과 용기 그리고 가치 지향적 지침이 필요하다. 이를 위해 나는 이 책을 통해 우리가 마음껏 사용할 수 있는 내적 자원을 드러내 보일까 한다. 마르쿠스 가브리엘이 우리 인간이 무엇을 '해야 하는지'를 그린다면(즉 선을 지지하고 악에 맞서야 한다고 말한다면), 나는 인간이 과연 이를 '해낼 수 있는지'를 붙들고 씨름하려 한다. 가브리엘이 인생의 목적과 의미가 (도덕적으로) 선한 삶이라 단언한다면, 나는 우리 인간이 (도덕적으로 선하다 이해되는) '좋은 삶'을 살도록 정해진 존재인지 명백히 파악해보고자 한다. 혹은 우리의 생이 인간성이라는 원칙과 '좋은 삶'

의 방향성을 따르려면, 우리 인간이 타고난 실제 본성을 지속적으로 꾸며내야 하는 건지 한번 알아보고자 한다.

인간성이란 우리 생의 방향이 계몽의 이상으로 향하는 것을 뜻한다. 즉 미성숙으로부터 인간이 해방되고 모든 인간이 동등한 가치를 지니며 인간 사이에 연대가 이루어지는 것이다. 하지만 무엇이 '선인지 아는 것'만으로는 충분하지 않다. 인간인 우리가 '선을 행할 수 있는' 잠재력을 가지고 있는지, 또한 이 잠재력을 펼칠 수 있는지가 무엇보다 중요하다. 이 책은 이러한 질문에 명백한 답을 찾아가려 하며, 신경과학과 심신의학 측면에서 기여하려 한다.

1장

'좋은 삶'이란 무엇인가

아이들은 무엇이 '좋은 삶'인지 어렴풋이 알고 있다. 우리의 어린 시절에 우리를 강하게 이끈 것은, 오늘날 아이들의 피를 끓게 하는 것은 삶이 약속된 무언가를 준비해놓고 있다는 깊은 희망과 확신이다. 아이들은 신체적으로나 정신적으로 자신이 성장하고 있다는 것을 느끼며, 자기 자신과 세상을 차차 발견하게 되리라 믿는다. 자신에게 잠재력이 있고, 소속감과 배움, 실천을 통해 그것을 펼칠 수 있다는 것을 안다. 자신과 자기 삶에 자부심을 느끼고 만족할 수 있는 능력을 습득할 수 있음을 의심치 않는다.[1]

아이들이 느끼는 '좋은 삶'이란 어딘가에 널브러진 채로 몇 시간 내내 화면을 멍하니 바라보거나 더 이상 넣을 수 없도록 뱃속을 가득 채우는 삶이 아니다. 오히려 이런 삶은 아이들의 눈에 희망과 기대를 저버린 모습으로 보일 것이다. 우리가 어린 시절에 어렴풋이 느꼈던, 지금의 어린아이들이 느끼는 '좋은 삶'은 마음의 평정, 공동체, 신체 활동, 탐구, 자연, 그리고 모험 등과 관련 있다.[2]

돌아보면 어른들이 놀아주던 순간이 우리에게 '좋은 삶'이었다. 놀이는 우리가 이전에 익힌 것을 다른 이들에게 보여줄 수 있는 장이었다. 어른들이 무언가를 다정하게 설명해줄 때에도, 혹은 혼자 있는 것처럼 고요하고 깊은 생각에 잠길 때에도 우리는 '좋은 삶'을 느꼈다. 생의 탄생과 소멸에 관한 질문과 그에 돌아오는 대답도 마찬가지다. 이를테면, 형제자매의 출생이나 반려 동물과의 이별 혹은 사랑하는 친척과의 사별 등을 경험했을 때와 같은.[3]

성인기에도 '참된 삶'은 무언가를 꾸준히 찾아 헤매는 일들과 관련되어 있다. 우리는 늘 개인의 성장, 잠재력 계발, 타인과의 원만한 연대, 예술과 문화, 일상을 수월하게 헤쳐 나가는 길 등을 찾아 나서는 동시에 삶에 대한 거대한 질문들도 안고 산다. 이는 이미 고대 그리스 철학자들이 오래 몰두했던 주제이기도 하다. 이들 중 몇몇은 이런 삶이 실현될 수 있다고 보았으며, 진정한 삶의 행복과 기쁨에 대한 약속을 이와 결부시켰다. 아리스토텔레스(Aristoteles, 기원전 384~322년)는 이처럼 행복으로 가는 길을 '에우다이모니아 Eudaimonia'라고 칭했다.[4] 흔히 이를 행복이라고 옮기는데, 나는 '좋은 삶'이라고 하는 것이 가장 잘 어울린다고 생각한다. 일단 내가 몸담고 있는 서구 사회, 즉 풍요로 점철된 현 시대에는 에우다이모니아의 반대 위치에 해당하는 것이 없다.

어떤 좋은 것을 가지고 싶은 욕망과 개인의 단기적 욕구가 즉각 충족되고, 많은 노력 없이 스스로 만족하고 자기 행복을 누리는 상태. 이것은 그리스 철학자 아리스티포스 (Aristippos, 기원전 약 435~355년으로 추정)의 이상이었다. 그에게 있어 삶의 목적과 의의는 단순한 쾌락과 즐거움이었다 (그리스어로는 헤도네 Hedoné라고 한다). 그래서 아리스티포스의 철학은 쾌락주의(Hedonism, 헤도니즘)라고 불린다. 혹자는 아리스토텔레스가 여기에 속하길 원하지 않았을 거라고, 즐거움에 무게를 두기보다는 오히려 거부하는 측이었을 거라고 말할지도 모르겠다. 하지만 그는 행복을 경멸하는 사람이 아니었다. 그 반대였다. 그가 보기에 행복한 삶을 보장하는 확실한 약속은 아리스티포스가 추구하던 것에 가만히 숨어 있는 게 아니었다. 이는 아리스토텔레스에게는 충분하지 않았을 것이다.

정신 질환 문제가 대두되면서 지난 200여 년 동안 심리학자와 의사들은 무엇이 삶을 행복하게 만드는지, 무엇이 삶을 불행하게 만드는지를 깊이 탐구하는 것에 의미를 두었다.[5] 그러면서 환자의 행복을 위한 처방전에 무엇이 빠져 있는지(그렇다면 환자들에게 무엇을 주어야 하는지) 살피게 되었다. 무엇이 사람을 불쾌하게 하는지, 무엇이 사람들을 아프게 하는지 유심히 관찰하면서 어떤 진료가 도움이 될지 연구하는 것은 정신 질환을 대하는 두 가지 치료 전략 중 하나다. 두 번째 접근법은 불행에 영향을 미친 요인을 찾는 것으로, 이는 환자에게 달려 있으며 치료에도 환자가 직접 기여할 수 있다. 즉 환자의 고유 생활양식과 삶을 대하는 내면의 태도(일명 마인드셋이라고 하는 마음 자세), 이로부터 나타나는 행동 양식을 파악하는 것이다.

임마누엘 칸트는 인간이 마음 자세를 통해 자신의 건강에 이바지할 수 있다는 생각을 이미 오래전에 했다.[6] 의미 지향적 삶을 정신 건강의 핵심이자 중심축으로 여기며 죽음의 수용소에서 살아남은 빅터 프랭클 또한 에우다이모니아에 이르렀다.[7] 이처럼 의미를 추구하는, '선'을 향해 정진하는 고대 그리스인의 삶은 일련의 심리학자 및 정신과 의사들에게 관심의 초점이 되었다. 저명한 심리학자이자 작가인 마틴 셀리그먼도 그중 한 명이다('학습된 무기력'이란 개념으로 우울증의 양상을 설명한 실험 모델 덕분에 전 세계 거의 모든 심리학자와 정신과 의사가 이미 그의 이름을 첫 학기부터 알고 있다).

의미 지향적인, 에우다이모니아적 삶의 태도가 인간의 건강에 영향을 미치는 요소임을 조사하고 분석하려면, 먼저 그 특징을 간결하게 정리하고 형식화하여 연구에 사용될 수 있도록 만들어야 했다(책 뒷부분에 나오는 도표를 참고하자).[8] 수많은 연구가 이루어진 뒤에 에우다이모니아적 삶의 태도와 정신 건강 사이의 상관관계가 발견되고,[9] 이에 더해 에우다이모니아적 '마인드셋'이 인간의 두뇌에 신경생물학적 지문을 남긴다는 사실이 밝혀지면서[10] 유전학자들 또한 이 주제에 관심을 가지기 시작했다.

삶에 대한 특정한 마음 자세가 건강과 두뇌에 영향을 미친다면 유전자에 가해지는 영향도 발견되지 않을까? 이 질문에 관한 답이 다음 장에 있다. 이를 다루는 '소셜 게노믹스(Social Genomics, 사회유전체학)'는 새로운 연구 분과로, 그 중에서도 특히 사회적 영역에서 우리의 사고와 행동에 미치는 영향을 유전자 측면에서 들여다보며 분석한다. 인간의 유전자에 대해 널리 퍼져 있는 견해로, 우리 유전자가 '이기적'이라는 가설이 있다. 이 이론이 옳다면 우리의 유전자가 쾌락주의 쪽으로 기우는 경향이 있다고 추정할 수도 있다. 하지만 이는 정반대다. 앞으로 우리는 그 사실을 확인하게 될 것이다.

2장

유전자와 '좋은 삶'

인간은 어떤 삶을 살도록 정해진 걸까? 찰스 다윈의 시대 이후로 진화생물학과 경제학 사이에는 일종의 핑퐁 게임이 이루어지며 공이 왔다 갔다 오가곤 했다. 이는 현재 진행형이기도 하다. 계속해서 오가는 이 공, 그러니까 인간이 근본적으로 이기적이고 치열하게 경쟁을 하며 서로 밀어내는 성향을 가진 존재라는 도그마는 오늘날에도 여전히 건재하다. 이것이 사실이라면 (우리가 머리말에서 이야기한) '새로운 계몽' 프로젝트가 성공할 가망은 얼마나 될까?

전 생물은 물론이고 인간을 설명하는 우세한 원칙으로 이기주의를 내세우려는 시도는 1976년 리처드 도킨스가 펴낸 《이기적 유전자The Selfish Gene》를 통해 본격화되었다. 이 저서는 폭발적으로 확산되는 자본주의로 인해 생물학적 정당성을 얻었다. 저자는 사회진화론을 지체 없이 바로 유전자 영역으로 옮겼다. 리처드 도킨스는 유전자를 연구한 학자가 아니다. 따라서 유전자가 이기적이라는 그의 논제는 근거가 빈약하다. 하지만 불행으로 가득한 그 책의 결론은 지금껏 철회되지 않고 이어지고 있다. 나는 직업상 유전자 연구에 많은 시간을 할애했다. 그런 내게 유전자가 '이기적'이라는 도킨스의 주장은 다소 터무니없게 들린다. 이는 마치 한 시계 가게 주인이 스위스 시계 공장을 방문하고 나서 '이기적인 시계톱니바퀴'란 제목의 책을 펴낸 것과도 같다.

한 생물의 본성이 무엇인지 묻는다면, 아마도 유전자는 최우선이자 최후까지 들여다봐야 하는 존재로 꼽힐 것이다. 실제로 유전자는 대단히 중요하다. 그런 이유로 나는 먼저 협력자이자 소통가로서 유전자가 지닌 의미를 밝히는 것에서부터 이야기를 시작하려 한다. 지난 수년 동안 행해진 여러 연구를 바탕으로 지금부터 나는 우리 인간이 '유전자의 관점에서' 이기적인 삶이 아니라, 오히려 의미 지향적이고 사회 친화적인 삶을 살도록 정해져 있다는 사실을 세세히 설명할 것이다.

인간의 유전자를 보자면, 꽈배기처럼 꼬아진 두 가닥의 실로 구성되어 있다. 전문 용어로 'DNA 이중 나선Double helix'이라고 한다.[1] DNA는 하나의 마이크로칩 안에 엄청난 규모의 4차원이 넘는 구조가 자리한 것과 같다.[2] 이중 나선 구조를 눈으로 보려면, 그러니까 유전자 물질들을 보려면 전자 현미경으로만 가능하다. 하나의 유전자는 이중 나선에서 한 단백질 분자의 구조 설계도가 담겨 있는 구간이다. 모든 유전자를 포함한 이중 나선의 총 길이를 '게놈Genom', 즉 유전체라고 한다.

게놈과 그에 속한 유전자들은 우리 체세포 내 세포핵 속에 자리한다. 단백질은 세포핵의 '외부'에서 이루어지는, 즉 신체의 전 신진대사를 조절하기 때문에[3] 유전자에 숨겨진 단백질 구조도는 매우 중요한 의미를 가진다. 인간은 약 2만 3000개의 유전자를 가지고 있다. 인체 내의 단백질 수는 대략 3만 개가 넘는다. 단백질은 유전자의 수보다 훨씬 많다. 여러 개의 단백질 구조가 담겨 있는 유전자도 있기 때문이다.[4]

피아노 건반 같은 우리의 유전체

인간의 게놈은 누군가에게 연주되는 피아노와 같다.[5] 이 피아노의 연주자는 우리의 생활양식과 살면서 얻는 경험이다. 생활양식이란 우리가 음식을 먹는 방식, 운동 여부와 횟수, 독소나 방사선이 우리에게 미치는 영향, 환경이 얼마나 깨끗한지 또는 오염되었는지, 스트레스에 노출되는 정도, 인간관계를 맺는 방법 등을 포함한다. 정신적 스트레스 요인과 사회적 경험은 지난 수년간 우리 생물학계에서 가장 영향력 높은 요소로 밝혀졌다. 심지어 우리의 수명을 좌우한다.

상당수의 질병은 유전성이 아니며, 우리 유전자의 피아노 건반이 연주되는 방식으로 인해 발병한다. 비유하자면, 불협화음이 나거나 피아노가 훼손되어버리는 것이다. 인간의 건강을 지켜주는 것은 피아노에서 음악을 이끌어내는, 즉 우리 몸이 지속적으로 편안함을 느낄 수 있는 생활양식이다. 건강에 관한 이런 기본 원칙은 모든 인종에게 해당된다.

각 유전자는 피아노의 한 건반과 다름없다. 건반 하나는 건드려지는 일 없이 잠잠히 있을 수도 있다(이 경우 해당 유전자는 활동하지 않는다). 하지만 건반은 나직하게 또는 시끄럽게 두드려질 수도 있다(그러면 해당 유전자는 약하게 혹은 강하게 활성화될 것이다). 유전자는 단독으로 또는 여러 다른 집단 안에서 활동하기도 하고, 약하게 또는 강하게 활성화되기도 한다. 유전자라는 피아노 건반을 연주한다는 말을 구체적으로 풀면, 건강에 이로운 방식으로 유전자를 활성화(유전자 활동의 상향 조절)시키거나 비활성화(유전자 활동의 하향 조절 또는 음소거)시킨다는 뜻이다.[6]

요약하자면, 인간의 건강과 질병에 결정적인 것은 (몇몇 예외를 제외하고) 누군가가 '좋은' 또는 '나쁜' 유전자를 물려받았는가 하는 문제가 아니라, 개별 인간의 삶 속에서 유전자의 활동이 어떻게 조절되느냐의 문제라고 할 수 있다. 이에 각 인간은 스스로 영향을 가할 수 있다.[7] 우리의 유전체는 극도로 활발하며 끊임없이 움직이고 있는 시스템이다. 이 시스템은 '밖에서' 들어온 신호를 감지하며, 이에 고유한 반응으로 답한다.[8] 유전자는 커뮤케이터Communicator, 즉 소통가다. 유전체는 자기 유전자의 활동을 계속해서 이행한다. 다시 말해 유전자의 관점에서 '바깥에서(세포 밖에서)' 들어온 신호에 따라 활동 방향을 지속한다.

그런데 유전자는 그저 소통가에 그치지 않는다. 유전자는 코퍼레이터Cooperator, 즉 협력자이기도 하다. 유전자 하나하나의 구조도가 낱낱이 읽히고 단백질 하나하나의 생성을 이끌려면, 수많은 분자들이 협력하여 유전자를 읽는 데 도움을 주어야 한다. 유전자 측면에서 이런 조력자 분자들이 만들어져야만 한다. 전체 유전체의 약 2~3퍼센트만이 '고유의' 유전자들, 그러니까 단백질 생성을 위한 구조도를 가진 유전자들로 이루어져 있다. 유전체의 대략 80퍼센트는 (쉽게 표현해서) 물류를 담당하는 유전자들로 구성되어 있다.[9] (분자 구성 요소 같은) 원자재를 납품하는 공급망 역할을 하고, 생산 과정을 조정하고 규칙적인 이송이 되도록 관리하며, 정해진 배송지에 단백질을 정확히 배달하는 일을 담당하는 유전자들 말이다.[10] 우리 몸의 많은 세포는 세포 분열을 통해 계속해서 새로워지므로 유전자를 통한 복합적인 조종과 소통 그리고 협력이 반드시 필요하다.

유전자 활동 조절에 대해 아직 아무것도 모르던 유전체 연구 초기에 사람들은 건강과 질병이 이원적인 방식(유전자 활동이 '켜지거나 꺼지거나', '좋은' 유전자이거나 '나쁜' 유전자이거나 하는 식)으로 작동한다고 확신했다. 과거 우리는 질병을 완두콩 색깔 관찰하듯이 대했다. 체코-오스트리아 아구스티노회 수도사였던 그레고어 멘델이 거의 200년 전에 진행한, 유전 연구의 토대가 되었던 그 완두콩 말이다. '좋은' 그리고 '나쁜' 유전자가 있다는 이 단순화된 학설로 인해 사람들은 모든 결함을 유전 탓으로 돌렸다. 이는 우생학과 인종주의 그리고 '살 가치가 없는 생명의 말살' 같은 범죄적인 결말을 이끌어냈다.[11] 어마어마한 업적을 남긴 그레고어 멘델은 당연히 이에 대한 책임이 없다. 아마도 그는 이런 비인간적인 전개를 그리스도교 신자로서 단호히 거부했을 것이다.

중독과 (아이들의) 행동 장애 그리고 대부분의 정신 질환처럼 사회심리적이고 심신의 영향으로 발생하는 장애들도 얼마 전까지는 유전병으로 설명되었다. 다른 많은 신체적 질병들(과체중, 고혈압, 당뇨, 심장병, 감염에 대한 취약성까지)도 마찬가지였다. 오늘날 우리는 이러한 질병들에 대해 잘 알고 있다. 이런 병에 걸리는 이유는 주로 각 개인이 처한(혹은 그가 선택한) 생활환경에 따른다는 것을 말이다.

이 세상의 인종(아프리카인, 아메리카 원주민, 아시아인, 코카서스인[12] 등)이 게놈에 따라 각기 다른 가치를 지닌다는 가설 또한 인종주의의 비참한 착오에 속한다. 안타깝게도 위대한 찰스 다윈 역시 이와 같은 착오의 반대편에 서지는 않았다. 물론 그가 살던 시대보다 한참 뒤의 일이지만, 일종의 대부처럼 그의 이론은 시대를 거슬러 막대한 영향을 미쳤다. 과학적 근거가 빈약한 인종주의는 100여 년 넘게, 아주 최근까지 우리 머릿속에 주입되어 있었다. 또한 오늘날까지도 배척과 증오, 전쟁의 배양소 역할을 하고 있다. 여기서 우리가 할 수 있는 일은 오로지 계몽(책의 서두에 언급한 '새로운 계몽' 말이다)이며, 더불어 모든 아이들에게 보다 나은 교육을 제공하는 것이다.

사회적 경험은 어떻게 유전자에 도달할까

의미 지향적이고 사회 친화적인 삶의 자세와 유전자 활동 패턴 변화의 상관관계를 면밀히 들여다보기 전에, 충분히 탐구가 된 사례를 하나 살펴볼까 한다. 한 연구에 의하면, 정신적 스트레스 같은 비물리적인 사회적 경험이 우리

의 몸속으로, 체세포 안으로, 유전자 안으로까지 이른다고
한다. 인간의 몸은 자신이 겪은 사회적 경험에 대해 생물학
적 변화로 반응할 수 있다. 다시 말해 심리학적 특성이 생물
학적 특성으로 나타날 수 있다는 뜻이다. 어떻게 그럴 수가
있을까? 고독, 사회적 고립, 인간 사이의 갈등, 그 외 다른
정신적 스트레스가 스트레스 유전자 활성화로 이어지는 일
이 어떻게 가능할까?

예를 들면 이런 식이다. 사회적 고립은 우리의 감각을
통해(무엇보다 시각과 청각을 통해) 잠재적 위험으로 감지되며
전두엽에서 평가가 이루어진다. 이는 신경회로를 타고 (전두
엽에서 다시) 공포 및 불안 중추인 편도체로 이동해 거기에
있는 신경세포를 활성화시킨다. 그러면 불안에 관여하는 신
경전달물질인 글루타메이트Glutamate가 분비된다. 불안 중추
는 종종 감각 기관을 통해(특히 시각과 청각을 통해) 전두엽을
건너뛰고 곧장 활성화되기도 한다(무엇보다 어린 시절과 말년
에 갑자기 강렬한 신호를 받는 경우에 주로 나타난다). 불안 중추
의 신경세포에서 분비된 글루타메이트로 인해 인접해 있는
두뇌 영역인 시상하부의 신경세포도 활성화되며, 이는 스
트레스 유전자 중 하나인 CRH(Corticotropin-releasing Hormone,

코르티코트로핀 방출호르몬)를 활성화시키고,[13] CRH 단백질을 형성하는 결과로 이어진다. 스트레스 반응이 일어날 때 목에 붉은 반점이 생기는 사람들은 CRH 때문이라고 생각하면 된다. CRH로 인해 스트레스 호르몬인 코르티솔Cortisol 이 올라가는데, 상승된 코르티솔 수치는 스트레스 유발 사건을 경험한 직후 몸의 모든 체액에서 측정될 정도다. 감각 기관을 통해 감지된 위험이 생물학적 스트레스 반응으로 이어지는 전 과정은 불과 몇 초밖에 걸리지 않는다.

요약하면, 인간의 몸은 심리적인 것을 신체적인 것으로 변화시킨다. 인간이 사회적 혹은 심리적으로 맞닥뜨리는 현실과 신체 반응 또는 유전자 변화 사이에 관계가 있음을 증명하는 다수의 연구 결과들이 있다. 하지만 기후 연구에 관한 것과 비슷한 대접을 받고 있다. 확실한 과학적 데이터가 있음에도 불구하고, 명확한 증거가 있음에도 불구하고 이런 데이터와 증거를 무시하거나 부인하는 사람들이 있다. 지구 온난화의 경우, 이를 무시하고 부인하는 사람들은 주로 기후 변화에 해로운 자신의 사업을 방해받지 않고 계속 이어나가고 싶거나, 계속해서 무절제하게 소비하기를 원하는 이들이다.[14]

사회신경과학과 심신의학의 연구 결과를 부정하는 현실 또한 크게 다르지 않다. 특히 몸과 마음이 서로 연관되어 있다는 심신의학적 견해는 많은 분야에서 주목하지 않는다. 건강에 해를 끼치는 사회심리적 요인에 초점을 맞추는 일은 의료산업과 제약산업의 번창에 방해가 될지도 모르기 때문이다. 스트레스, 고독, 사회적 고립, 불안, 우울 등은 신체적 질병을 일으키는 결정적 요인들이다. 수많은 역학 연구가 입증했듯이 이런 사회심리적 요인은 흡연을 비롯해 건강에 해로운 다른 여러 행동 양식과 거의 마찬가지로 인간의 수명을 단축시킨다.[15] 따라서 중요한 것은, 우리의 건강을 지키기 위해 한 개인으로서 스스로 할 수 있는 일이 무엇인지 관련 지식을 폭넓게 탐색하는 것이다.

삶의 자세는 유전자 활동에 영향을 미친다

자기 삶과 자신의 주변 사람을 대하는 내면의 기본 태도가 유전자 활동에 영향을 주고 질병을 불러올 수도 있다는 사실의 발견은 엄청난 진일보이자 센세이션이었다. 어떻게 이러한 사실을 알게 되었을까?

오늘날 질병으로 병원을 찾는 사람들은 대개 염증 때문이다. 염증은 우리 몸이 손상을 해결하기 위해 스스로 작동하는 일종의 방어 반응이다. 염증으로 답하는 신체 손상들로는 상처, 감염[16], 일사[17], 중독, 알레르기 증세, 정신적 스트레스[18] 등이 있다. 염증은 우리 몸에서 염증전달물질 생성 유전자가 활성화되도록 이끈다. 그중 하나가 인터루킨-6Interleukin-6다. 줄여서 IL-6라고 부른다. 젊은 시절 나는 프라이부르크대학교와 뉴욕의 마운트 시나이 병원에서 이 물질을 발견하고 오랫동안 연구했다. 그러니까 신체적 손상은 거기서 끝나는 것이 아니라, 우리 몸이 스스로 (무언가 해로움을 감지하자마자) 염증전달물질을 생성하는 과정의 시작인 것이다.

염증은 동전처럼 양면성이 있다. 감염이나 상처 같은 급성 손상을 일으키는 염증 반응의 경우, 사람을 일시적으로 약화시키고 아픔을 느끼게 하지만 치료에 반드시 필요하며 치료 또한 가능하다. 동전의 다른 면은 비교적 최근에서야 발견되었다. 즉 치료가 가능한 급성 염증 반응만 있는 것이 아니라, 숨어서 암암리에 악화되는 덕에 치료가 어려울

뿐더러 거의 알아차릴 수 없는 염증 반응도 있다는 것이다. 만성적이고 아급성인, 거의 또는 전혀 알아챌 수 없는 염증 반응은 이른바 '레이더망 밖'에서 은밀히 날아다닌다. 예기치 않게 갑자기 무언가가 화면에 불쑥 나타나기 전까지는 아무도 모른다. 예를 들면 중증 동맥 경화나 암 또는 치매가 그렇다. 심근 경색[19], 뇌졸중[20], 수많은 암 질환[21], 치매[22]는 최근 몇 년 사이에 밝혀졌듯이 점진적이고 만성적인 아급성 염증의 결과다.

현대 유전공학은 음험하게 '레이더망 바깥을 날아다니는' 염증들, 그러니까 악성일지 모를 만성 염증을 알아볼 수 있는 수준에 이르렀다. 의례적으로 흔히 해오던 것처럼 개별 유전자 하나의 변화된 활동을 측정하는 것은 여기에서 아무런 의미가 없다. 만성적인 염증 반응은 수많은 유전자가 관여하기 때문이다. 하나의 유전자만 측정하게 되면 (여러 가지 원인으로) 한 번은 우연히도 다른 값보다 현저히 차이나는(위로든 아래로든) 이상치Outliers가 나올 수 있다. 그러면 잘못된 가정으로 쉽게 이어진다. 이에 대한 해결책은 만성적이고 장기적인 염증에 기여하는 50여 개의 주요 유전자들의 활동을 함께 면밀히 들여다보는 것이다.[23] 다시 말해 이들 활동을 한꺼번에 측정하면 된다.

기술의 발전은 여기까지 왔다. 이른바 '위험 유전자 클럽' 전체의 변화된 유전자 활동을 측정할 수 있는 수준에 이르렀다. 위험 유전자 클럽이란 CTRA(Conserved Transcriptional Response to Adversity, 역경에 대한 보존 전사 반응)라는 전문 학술 용어를 매번 사용하기가 꺼려져서 내가 직접 고른 가벼운 표현이다(정확히 53개의 유전자가 이 클럽에 속해 있다).[24] 건강에 위험을 끼친다고 잘 알려진 흡연[25], 알코올 섭취[26], 스트레스, 그리고 짐작건대 육류 섭취[27] 등이 잠재적으로 해로운 위험 유전자 클럽을 활성화시킨다는 사실은 전혀 놀랍지 않다. 여기서 정말 이목을 끄는 지점은 담배와 술처럼 오래전부터 악명이 자자했던 악당들뿐만 아니라, 삶에 대한 (결여된) 철학적 태도 또한 우리의 건강에 장기적인 해를 가할 수 있다는 것이다.

인간 내면의 기본 태도가 위험 유전자 클럽 활동에 미치는 영향을 다룬 논문이 처음 발표되었을 때, 예상대로 엄청난 주목을 받았다. 특히 세계적 학술지 중 하나인《미국국립과학원회보 Proceedings of the National Academy of Sciences》에 게재되면서 큰 반향을 일으켰다.[28] 그렇다면 이 연구는 어떤 식으로 진행되고 어떤 결과를 얻었을까?

연구진은 먼저 건강한 성인 70명을 모집해 과학적 설문 조사를 실행하며 실험 대상 하나하나를 면밀히 살펴보았다. 그리고 실험 참가자들에게 '단순히' 행복하고 만족스러운 삶이 얼마나 중요한지, 지금의 건강한 삶을 얼마나 '의미 있게' 여기는지 알아보았다. 사회에 기여할 수 있다는 사실도 중요한지, 즉 '공공심'의 관점에서도 들여다보았다.[29]

그저 즐기는 삶이 근본적 목표인 태도는 앞서 언급한 고대 그리스 철학자들이 만든 개념을 적용하면 '헤도니즘적' 내지는 '쾌락주의적'이라고 볼 수 있다. 의미 지향적인 '좋은 삶'을 꾸리려고 노력하는 자세는 '에우다이모니아적'이라고 할 수 있다. 삶에 대한 쾌락주의적 혹은 에우다이모니아적 태도는 (위의 연구가 보여주듯이) 양립할 수 없다. 에우다이모니아적 태도가 압도적인 참가자들의 경우 (건강 측면에서 문제적인) 위험 유전자들의 활동이 현저히 줄어들었다. 반면 쾌락적인 삶을 추구하는 참가자들은 위험 유전자들의 활동이 활발해졌다. 여기서 흡연과 알코올 섭취로 인한 왜곡 효과는 통계적으로 충분히 참작되고 또 배제되었다.

삶을 대하는 내면의 태도가(그러니까 정신이) 신체에(즉

물질에) 영향을 미칠 수 있다는 사실은 살아 있는 유기체를 단지 기계나 수단으로 취급했던, 다시 말해 화학적이고 물리적인 레고 부품들로 조립된 존재라 여긴 이들에게는 일종의 모욕이었다. 따라서 이러한 논문이 처음 발표되고 나서 블로그 뉴로스켑틱Neuroskeptic처럼 신경과학계에서 익명으로 활동하며 상습적 비판과 감시에 관여하는 몇몇 동료들에게 이의 제기를 받기까지는 그리 오랜 시간이 걸리지 않았다. 하지만 이들 대부분이 반론을 뒷받침하는 데이터를 내놓지는 않았다.[30] 그리하여 첫 논문의 저자인 바버라 프레드릭슨Barbara Fredrickson과 스티븐 콜Steven Cole은 120명이 넘는 참가자를 대상으로 자신들의 연구를 반복했다.

두 사람은 추가적인 질문을 더하며 비평가들이 첫 논문에서 제기했던 반론을 세밀하게 참고했다.[31] 또한 이전 연구와 마찬가지로 흡연과 알코올 섭취 그리고 특정 인종처럼 실험 결과에 방해가 될 수 있는 요소에 주의하며 다시금 관찰하고 조사했다. 이를 통해 프레드릭슨과 콜은 그들의 첫 연구 결과가 옳았음을 완전히 증명했다. 즉 에우다이모니아적, 의미 지향적, 사회 친화적 태도를 가진 사람들의 경우 위험 유전자들의 활동이 줄어든 것으로 나타났다. 다시 말해 심근 경색, 뇌졸중, 암 및 치매와 같은 질환을 유발하는 유전자 활동 패턴이 감소했다는 것이다. 이 연구로 인해(그리고 이와 같은 방식으로 진행된 다수의 후속 연구들로 인해) 하나의 새로운 과학 분과가 탄생하게 되었다. 바로 '소셜 게노믹스'다.[32] 풀어서 말하면, 우리가 사회적 존재로서 더불어 사는 방식과 공동의 삶을 대하는 사고방식이 우리의 신체적 구조에 반영된다는 뜻이다.[33]

'소셜 게노믹스' 연구의 개척자인 스티븐 콜은 같은 해에 추가 논문을 하나 더 내놓았다.[34] 그는 흔히 고독에 자주 빠진다고 알려진, 노년층에 결여된 사회적 접촉이 유전자 활동 패턴에 부정적 영향을 미치는지, 즉 건강에 해로운 영향을 주는지에 관심을 가졌다. 더불어 콜은 의미 지향적인 내면의 태도가 노년의 인구에게 고독과 맞서 균형을 잡아주는 평형추로 작용할 수 있는지, 유전자 활동에 유익한 영향을 줄 수 있는지도 밝혀내고자 했다. 이를 위해 그는 평균 연령이 73세인 100여 명의 노인들을 연구하고 분석했다.

그는 실험 대상으로 상당한 고독을 경험한 이들을 선정했다. 그리고 삶에 대한 에우다이모니아적 자세가 있는/없는, 위험 유전자의 활동이 있는/없는 대상으로 나누어 실험을 진행했다. 연구 결과는 다음과 같았다. 노년의 고독이 '위험 유전자 클럽'의 활동 패턴에 실제로 부정적인 영향을 미친다는 것. 그렇지만 사회 친화적이고 에우다이모니아적인 태도가 내면화된 노인들의 경우는 부정적인 영향으로부터 상당히 보호된다는 것. 아울러 삶에 대한 의미 지향적 태도는 노년기 인구의 유전자 활동 패턴에 독자적으로 긍정적인 영향을 미쳤다. 에우다이모니아적 태도가 내면에 자리 잡고 있으면 장기적으로 해로운 결과를 불러올 수 있는 위험 유전자들의 활동이 줄어들었다.

이로 인해 더 많은 연구의 문이 활짝 열렸다. 새로운 논문과 연구 결과에 영감을 받은 몇몇 학자들은 인간의 행동 양식의 변화가 위험 유전자 활동 패턴의 변화로 이어지는지의 여부를 알아보고자 했다. 이들은 150여 명의 건강한 성인을 초청하여 약간의 사례금을 지급하고 4주짜리 실험을 진행했다.[35] 실험 대상을 무작위로 네 개 집단으로 나눈 다음, 첫 번째 집단에게는 4주 동안 일주일에 수차례 다른 사람—동료든 이웃이든 주변 아는 사람이든—에게 즉흥적으로 무언가 좋은 일을 하라고 요청했다. 이를테면 작은 친절을 베풀거나 소소한 즐거움을 선사하는 일 말이다.

두 번째 집단에게는 4주 동안 일주일에 수차례 '오로지 자기 자신을 위해서만' 특별히 좋은 일을 하라고 했다. 세 번째 집단에게는 '인간적으로' 무언가 좋은 일을 행하라는 주문을 했다. 이를테면 거리에서 쓰레기를 줍는 것과 같은 행위 말이다. 네 번째 집단에게는 별다른 임무를 부여하지 않았다. 다만 실험이 진행되는 4주간 각자의 하루 일과를 상세히 기록하라고만 했다. 아울러 실험이 시작될 때와 끝날 때 모든 참가자의 (잠재적으로 건강에 해로운 결과를 초래할 수 있는) '위험 유전자 클럽'의 활동 패턴을 측정했다. 자, 어떤 결과가 나왔을까?

다른 사람에게 무언가 선한 일을 하라고 구체적으로 요청받은 집단의 경우 (잠재적으로 해로운) '위험 유전자 클럽'의 활동 패턴이 현저히 줄어드는 것으로 나타났다. 나머지 세 집단은 여기에 해당하지 않았다.[36] 정리하자면, 다른 사람에게 선한 일을 행하는 인류 고유의 인간성은 우리 몸을 만성 염증으로부터 보호해주는 유전자 패턴을 활성화시키며 건강을 유지하도록 돕는다.

자유 의지로 타인을 돕는 사람이
'이로운 유전자'를 활성화시킨다

2019년 어느 더운 여름날 저녁, 그러니까 코로나 시대 이전으로 넘치는 축복을 누리던 시절의 일이다. 나와 스티븐 콜은 함부르크의 유명한 요리사 팀 맬처Tim Mälzer가 운영하는 불러라이Bullerei 레스토랑의 정원에 함께 앉아 있었다. 소셜 게노믹스 연구의 선구자인 스티븐 콜과 함께한 자리답게 우리는 인터루킨-6에 대한 이야기를 나누고 있었다. 나 역시 위험 유전자 클럽에 속하는 인터루킨-6의 발견 및 연구에 오랫동안 몸담았었다.[37] 내가 지난 20년간 초·중·고 등학교에서 진행한 프로젝트[38]에 대해 이야기하자 스티븐은 나를 열광시킬 만한 연구를 하나 전해주었다. 이 연구의 결과는 그로부터 1년 뒤에 논문으로 발표되었다.[39] 대체 무엇에 관한 연구였기에 내가 그리 열광했을까?

미국에서도 많은 학생이 동기 부여와 집중력, 사회적 행동에 큰 어려움을 겪고 있다. 이런 아이들에게 필요한 것은 관계다(이 부분은 6장에서 더 다루겠다). 이들은 사람이 필요하다. 곁에서 동행해주고, 마음을 전해주고, 바른 길로 안내해주는 누군가. 아이들이 허용 한계선을 넘을 때, 누군가가 애정 어린 태도로 언행을 바로잡아주고 경계선을 그어주는 일은 아이들의 성장에 매우 중요하다. 이처럼 여러 면에서 어려움을 겪는 아이들을 위해 캘리포니아에서는 '제너레이션 익스체인지Generation Xchange'라는 세대 교류 프로그램을 시작했다.

먼저 더 이상 직장 생활을 하지 않는 50세 이상의 성인들을 대상으로 지원을 받아 학교생활 멘토로서 활동할 수 있도록 일주일짜리 교육 과정을 이수하게 했다. 그리고 나서 이들을 가정이나 학교에서 어려움을 겪는 여덟아홉 살의 초등학생들과 연결시켜주었다. 이러한 멘토 활동은 9개월이 넘는 기간 동안 매주 10시간 정도 진행되었다. 멘토들이 버거운 임무를 혼자 감당하거나 부담을 느끼지 않도록 매주 관리자가 한 명씩 함께 참여했다. 정말 훌륭한 프로그램이지 않은가! 아이들에게 학교생활 멘토를 붙이자는 아이디어는 스티븐 콜과 젊은 학자 테레사 시먼Teresa Seeman이 (과학적 관점에서) 제안한 것이었다.

멘토 활동 지원자들은 프로그램이 시작될 때, 이후 세 달 후에, 그리고 아홉 달 뒤 프로그램이 끝날 때 조사 및 검사를 받았다. 자신의 삶을 얼마나 의미 있게 느끼는지 설문 조사도 받고, 위험 유전자의 활동이 어떠한지 검사도 받았다. 설문 조사 결과, 멘토들은 프로젝트가 진행되는 동안 자신의 삶이 의미 있다는 감정이 두드러지게 증가하는 경험을 했다. 주변 사람들과 내적으로 보다 밀접하게 연결되어 있다는 느낌도 훨씬 강해졌다. 또한 멘토들의 위험 유전자 활동을 3회에 걸쳐 측정 분석한 결과, 잠재적으로 건강에 해로운 유전자들의 활동이 지속적으로 크게 감소되었다. 뚜렷하고 특징적인(상황이 호전된다는 뜻으로 풀이되는) 위험 패턴의 감소는 3개월이 지날 때쯤부터 관찰되었다.

이들 실험 집단에서 관찰된 삶의 의미 및 유대감 증가는 위험 유전자 클럽의 활동 감소로 이어졌다. 다시 말해 두 변화 사이에 통계적으로 대단히 유의미하고도 명백한 상관관계가 나타났다. 이는 다음과 같은 뜻으로 풀이될 수밖에 없다. 이 멘토들처럼 공공심을 키우며 타인을 자발적으로 돕는 사람들은 비단 타인에게만 선을 베푸는 것이 아니라 자기 스스로도 좋은 영향을 받는다는 것. 이런 사람들은 정신 건강과 삶의 질이 개설될뿐더러 선한 행위를 함으로써 심혈관 질환과 암 그리고 치매 같은 신체적 질병의 위험을 감소시키는 유전자 활동 패턴을 불러일으킨다.

자유와 자발성 없이 '좋은 삶'이란 없다

에우다이모니아를 추구하는 삶, 즉 훌륭하고 성공적인 '좋은 삶'을 꾸리려는 시도에서 가장 중요한 것은 '자발성'이다. 의미 지향적인 삶을 위한 노력은 결코 강요나 명령으로 이루어지지 않는다. 본인 스스로가 진정 원해야 가능하다. 따라서 반사회적 행위가 불이익을 안겨줄 것이라는 속셈 때문에 친사회적 행동을 한다고 해도 분명 나쁠 것은 없다. 하지만 이는 에우다이모니아적 삶과는 아무런 상관이 없다.

여기서 우리가 성공적이라고 말하는 '좋은 삶'은 도덕적 압력이나 다른 압박으로 인해 실행된 선한 행위의 횟수에 따라 산술적으로 주어지는 것이 아니다. 이른바 인간성 또는 인간애라 불리는 우리 내면의 깊은 사랑에서 비롯된 태도와 행동으로 실현된다. 자신의 삶에 의미를 부여하고 싶은 욕망은 타인보다 더 나은 사람이 되고 싶은 욕망에서 비롯되는 것이 아니라, 자유로이 선택한 (스스로를 향한) 사려 깊은 태도의 표출에서 기인한다. 이러한 자발성은 미덕의 테러로부터 분리된 미덕이라고 할 수 있다.[40]

자발성이 지니는 특별한 의미는 한 흥미로운 연구에서 잘 드러난다. 의미 지향적 삶의 자세와 위험 유전자 활동성 사이의 관계를 살펴본 연구로, 공동체 문화를 중요하게 여기는 나라 중 하나인 한국에서 진행되었다. 공동체 문화에서는 개인의 정체성을 타인과 구별되는 개별 인격 또는 유일무이한 존재로 보기보다는 하나의 집단(가령 가족이나 회사 또는 국가)에 소속된 존재로 생각하는 경우가 많다. 이 문화에 속한 사람들은 개인의 자율성보다 사회적 적응을 도덕적으로 우월하게 여기는 경향이 있다.[41]

그렇다면 공동체 문화에서 에우다이모니아적인 삶, 즉 '좋은 삶'을 산다는 것은 어떤 의미일까? 한국의 연구 사례가 이에 대한 답을 알려준다. 연구진은 20~69세의 성인 남녀 150명 이상(평균 연령 45세)을 상대로 의미 지향적이고 사회 친화적인 기본 태도 형성에 관련된 질문을 던졌다. 이와 함께 이미 수차례 언급된 위험 유전자들, 즉 심혈관 질환을 비롯해 장기적으로 암과 치매 같은 질병의 위험도를 높이는 유전자들의 활동 패턴도 확인해보았다. 의미 지향적 삶의 태도를 형성하는 데 영향을 미치는 요소를 규정하기 위해 '좋은 삶'에 속하는 다양한 차원의 질문을 과학적으로 담아 조사와 분석을 실시했다.[42]

에우다이모니아적 태도를 조사하기 위한 설문 목록에는 자율성의 경험도 포함되어 있었다. 자기 삶을 스스로 결정할 수 없다면 삶에 대한 의미를 느낀다고 볼 수는 없다. 따라서 의미 지향적인 삶에는 최소한 어느 정도의 자율성이 수반되어야 한다. 그렇기에 자율성의 경험과 '좋은 삶' 사이의 관계를 살펴보는 질문은 의미가 있다. 다른 연구들과 마찬가지로 한국인을 대상으로 한 실험에서도 에우다이모니아적 태도와 건강에 이로운 유전자 활동 패턴 사이에 밀접한 상관관계가 나타났다. 무엇보다 이들에게선 건강에 유익한 유전자 활동 패턴과 '자율성 차원'에서 의미 있는 삶 사이의 상관관계가 가장 두드러졌다.

에우다이모니아적인 삶, '좋은 삶'의 주체는 개인이다. 즉 인간의 '자아'다. 개개의 인간은 늘 개인과 '우리의 일부'라는 두 가지 측면을 지닌다(보다 자세한 내용은 4장에서 다루겠다). 공동체 문화는 개인의 '자아'가 개인주의 문화에서 사회화된 사람보다 '우리'와 더 많이 겹쳐진다는 점에서 뚜렷이 구별된다.[43] 공동체 의식이 요구되는 환경에서 자란 사람들에게 자율성이 의미 지향적인 '좋은 삶'에 특히 중요한 가치로 여겨진다는 사실은, 한국의 연구 사례가 보여주듯이 에우다이모니아적 삶에서 자율성이 중요함을 다시금 일깨워준다. 의미 지향적인, 에우다이모니아적인 태도가 내면의 톱다운Top-down 작용으로 인체의 생물학적 기본 구조에 영향을 미칠 수 있다는 가정은, 이러한 태도가 개인의 자율적이고 독립적인 선택으로 나타날 때 더욱 자명해진다.

지금까지 알아본 새로운 발견과 지식을 함께 정리해보자. 우리 시대의 가장 흔한, 질병을 불러오는 일반적인 최종 경로는 '레이더망 바깥을 날아다니며' 서서히 발생하는 만성 염증이다. 이러한 음흉한 만성 염증을 불러오는 치명적인 길은 '위험 유전자 클럽'이라 불리는 유전자 집단으로 인해 뚫린다.[44] 이 유전자들 중 일부는 염증전달물질을 생성하며, 이러한 물질 중에는 나도 연구에 동참했던 인터루킨-6도 있다. '소셜 게노믹스' 연구에 있어 결정적 발견은 의미 지향적인, 에우다이모니아적 삶의 태도와 자발적인 사회 활동 참여가 위험 유전자의 활동을 약화시킨다는 점이다.

불안과 스트레스, 질병 유발자들

소셜 게노믹스 연구를 통해 밝혀진 새로운 상관관계, 즉 에우다이모니아적 삶의 태도와 특정 유전자 활동 프로필 간의 관련성을 더 확실히 하기 위해서는 일종의 교차 검증이 필요하다. 다수의 과학자들은 이를 위해 다음과 같은 질문에 답을 찾고자 했다. 실험 대상이 이기적인 삶의 자세를 고수하도록 만들면, 즉 에우다이모니아적인 '좋은 삶'과 반대되는 태도를 가지게 하면 예사롭지 않은 위험 유전자가 활성화될까? 사람들에게 의도적으로 나쁜 행동을 하라고 청하면 위험 유전자 클럽의 반응은 어떻게 나타날까? 물론 질문은 할 수 있으나 이런 실험은 윤리적인 이유로 행할 수 없다. 하지만 다행히도 우리는 이에 관한 실험을 할 필요가 전혀 없다. 하버드대학교에서 진행한 한 연구가 만성 염증으로 가는 길을 내는 '악'이 무엇인지에 관해 이미 충분한 답을 내놓았기 때문이다.[45]

하버드대학교 연구진은 지금껏 심혈관 질환도 앓은 적 없고, 암 판정도 받은 적 없는 45~65세 성인 남녀 약 300명을 모집해 4년간 추적 관찰 및 조사, 분석을 진행했다. 연구진의 목표는 1) 4년간의 관찰 기간 초기에 의학적으로 별 문제가 없었던 총 293명의 대상자 신체에 '레이더망 바깥을 날아다니는' 은밀한 염증이 있는지, 있다면 어느 정도인지 살피고, 2) 이후 4년간 이로 인한 질병이 발생하는지를 관찰하고, 3) 무엇이 만성 염증을 유발했는지 그 단서를 찾는 것이었다. 은밀한 만성 염증의 존재를 확인하는 방법으로는 유전자 활동 분석이 아닌 PET 검사에 기초했다. 즉 양전자 단층촬영[46]으로 신진대사의 변화를 사진으로 시각화하는 방법을 사용한 것이다. 동시에 모든 실험자들이 각자 겪은 정신적 스트레스 정도가 이에 알맞은 과학적 방법을 토대로 상세히 기록되었다. 연구의 결과는 다른 위험 유전자 연구들 못지않게 놀라웠다.

만성 염증이 생기고 퍼지는 이유는 두뇌의 (소위 편도체라고 불리는) 불안 중추의 과잉 활성화에 있었는데, 실험 대상자의 스트레스 수준이 이에 영향을 미쳤다. 불안에 관여하는 신경 연결망의 활동이 격렬해질수록, 실험 대상의 스트레스가 심해질수록 전 신체에서, 특히 혈관 내벽의 염증 작용이 더욱더 두드러지게 나타났다. 불안 신경망의 활성화, 스트레스 수준, 염증 발생은 추적 관찰 기간 동안 새로

발생한 질병들의 수와 직접적인 관련이 있었다.[47]

이로써 인간의 신체적 측면에서 볼 때 '좋은 삶'과 대척점에 있는 것이 무엇인지 분명해졌다. 인간을 불안하게 만들고 스트레스를 일으키는 모든 것이다. 이어지는 장에서 나는 이 지점에서 결코 가볍게 넘길 수 없는 것들을 보다 구체적으로 다룰 예정이다. 이를테면 의도하지 않은 고독, 사회적 소외 또는 고립, 과도한 요구 혹은 고강도의 (실적) 압박, 굴욕이나 위협, 부당한 대우나 학대, 영양 부족이나 확실한 거처의 부재, 의도치 않은 실업 같은 의문의 여지가 없는 요인들 말이다.[48]

인구는 늘어나는데 자원은 한정된 상황에서 노동은 필수적이다. 이러한 현실 세계에서 불평등과 질투, 이로 인해 생겨나는 갈등은 안타깝게도 피할 수가 없다. 이런 것들은 의미 지향적인 '좋은 삶'이라는 소망을 향해 가는 사람들에게 시련을 안겨준다. '좋은 삶'이란 끊임없는 풍요로움도 끝없는 안락함도 아니다. '좋은 삶'을 성공적으로 꾸려가고 있는지를 판단하는 기준은 우리가 위기와 불공평, 부정적 감정과 갈등을 잘 다루는지, 모든 새로운 상황에서 해결책을 잘 찾아내는지, 그때마다 모든 구성원들이 불안 및 스트레스 없이 잘 살아갈 수 있는지 여부에 달려 있다.

유전자는 도덕성을 만들지 않지만 선을 가능하게 한다

지금까지 우리는 무엇을 배웠을까? 내일의 세계로 나아가는 우리의 여정에 무엇을 가져갈 수 있을까? 유전자는 도덕성을 만들어내지는 않는다. 하지만 유전자는 의미 지향적인, 인간 유대적인, 사회 친화적인 삶의 태도에 반응한다. 우리가 '선'으로 향해 가는 길에 유전자는 아무런 방해도 하지 않는다. 그렇기에 유전자는 선을 '가능하게' 한다. 유전자는 선을 향한 애정에 대해 우리 건강에 유익한 활동 패턴으로 화답하기 때문이다. 그러니까 유전자는 선에 '호의적'이다.

그렇지만 유전자는 '좋은 삶'이 무엇인지 우리에게 말해주지 않는다. 이는 우리 인간이 스스로 절대 끝나지 않는 자기 탐색 과정을 통해 알아내야 한다. 온 인류가 공통으로 고민하고 숙고하는 선에 대한 전문가는 따로 있다. 바로 철학자들이다. 물론 모든 철학자의 말을 믿을 필요는 없겠지만, 그들이 우리에게 전하는 것을 듣고 비판적으로 성찰할 필요는 있다. 오늘날 사람들이 다 동의할 수 있고, 또 동의해야만 하는 '선'에 대한 정의는 계몽적 가치들과 결부되어 있다. 즉 미성숙으로부터 해방되고, 모든 인간이 동등해지고, 인간 사이에 연대가 형성되는 것이다. 이는 철학자 마르쿠스 가브리엘이 '도덕적 사실'이라 칭한 가치들이기도 하다 (머리말을 참고하자).

유전자는 인간에게 선을 강요하지 않는다. 인간은 자유롭다. 인간은 선뿐만 아니라 악을 행할 자유도 있다. 악은 앞서 말한 계몽의 요구에 역행한다. 계몽이라는 목적지—자유, 평등, 동지애—를 향해 인류가 나아갈 기나긴 길은 아직 끝나지 않았다. 이 길에서 이뤄진 진전은 인간의 목숨을 대가로 무수한 희생자를 낳았으며, 여전히 그러하다. 따라서 악은 말 그대로 악하며 멸시를 받아 마땅하다. 하지만 인간은 자유롭기에 악을 선택할 자유도 있다. 물론 여기서 뻗어나간 다수의 논의는 악이 인간에게 유익하지 않음을 설득력 있게 설명해야만 한다.

인류의 도덕적 상황은 축구 경기가 벌어지고 있는 잔디

밭의 상황과 비슷하다. 성공적인 '좋은 삶'이란 훌륭한 경기를 펼치고 한 골 또는 추가 골을 넣는 것이다(득점 골은 살면서 경험하는 특별히 행복한 순간을 비유적으로 표현한 것이다).[49] 한 골도 넣지 못한 사람일지라도 좋은 경기를 보여줄 수 있다. 그러면서 모두가 즐거움을 누릴 수도 있다. 삶에서 악을 택한 사람은 고의로 반칙하고 자책골을 넣으며, 이로 인한 분노와 경멸을 자기 팀의 다른 모든 선수에게 돌리는 축구 선수와도 같다. 이런 사람은 그저 가여울 뿐이며, 필요하다면 강제로라도 잔디밭에서 끌어내야 한다.

이 책의 제목인 '공감하는 유전자'는 유전자가 의식이 있다는 뜻이 아니다. 여기서 말하는 선에 대한 이론들 또한 유전자와 관련된 문제가 아니다. 인간의 정신이 붙들고 씨름해야 하는 과제라는 측면에서 선을 다루고 있다. 정신과 유전자는 단순한 방식으로 서로에게 결과를 돌릴 수 없다. 즉 서로 환원시킬 수 없다는 뜻이다. 그럼에도 유전자는 정신과 마찬가지로 인간의 일부다. 정신과 유전자 사이에 연결되어 있는 신경 체계에 대해서는 다음 장에서 다룰 것이다.

다만 한 가지는 이미 분명하다. 우리를 인간답게 하는 인간성과 공감은 선천적으로 인간의 핏속에 흐르고 있다는 것. 위대한 철학자 임마누엘 칸트의 유명한 문장("네 행위의 준칙이 동시에 보편적 원리가 되도록 행동하라")은[50] 현실과 동떨어진 추상적 이론의 산물이 아니라 인간의 공감적 본성에 근거를 둔다. 칸트의 정언 명령Kategorischer Imperativ은 우리의 능력과 의지를 전제로 한다. 다시 말해 우리에게 인류애가 있다는 관점이 담겨 있다. 이런 전제 조건이 없었다면 칸트의 훌륭한 문장은 지금 같은 성취를 이루지 못했을 것이다. 성취는 차치하고 의미 없는 문장으로 남았을지 모른다.

3장

인간,
애정과 사랑을 위해 태어난 존재

'머리부터 발끝까지 사랑을 위해 태어난 사람Von Kopf bis Fuß auf Liebe eingestellt'이라는 노랫말이 있다. 작곡가 프리드리히 홀랜더Friedrich Hollaender가 만든 노래의 한 구절로, 베를린 출신의 세계적 배우이자 가수인 마를레네 디트리히Marlene Dietrich 덕분에 전 세계에 널리 알려졌다. 이 노랫말은 언뜻 과장되어 보이지만 실제로는 핵심을 찌르고 있다. 인간은 하루 24시간 내내 사랑할 수 있는 게 아니라고, 일에도 전념해야 하고 휴식도 필요하다며 누군가 이의를 제기한다면, 틀린 말은 아니라고 인정하면서도 동시에 의학적 사실이라고 반론을 제기할 수 있다. 사랑받고 있다고 느끼고 또 사랑할 수 있는 사람만이 제대로 일하고 제대로 쉴 수 있다. 사랑 없는 삶을

영속적으로 살게 된다면 일을 잘 해내기 위해 필요한 동력을 언젠가 잃게 된다.[1]

인간에게 휴식이 꼭 필요하다는 사실은 이론의 여지가 없다. 차분히 쉴 수도 없고 제대로 잠을 잘 수도 없다면, 많은 경우 사랑과 직접적 혹은 간접적으로 연관된 문제로 인한 것이다. 인간이 '머리부터 발끝까지 사랑을 위해 태어난' 존재라는 주장에 대해 나는 (우리가 아직 살펴보지 않은 근거들을 바탕으로) 과학적인 관점에서 반대하지 않으려고 한다. 물론 홀랜더의 노래 뒷부분에 이어지는, 사랑을 제외하면 인간은 '아무것도 할 수 없다$_{sonst\ gar\ nichts}$'라는 구절도 마찬가지다. 왜냐하면 사랑은 인간을 제약하지 않으며, 인간을 이루는 모든 것에 대한 문을 활짝 열기 때문이다. 창의성, 의미 있는 일, 노력하려는 의지, 선을 향한 책임과 참여, 그리고 무엇보다 생을 즐기는 데 있어서의 문을 열어준다. 마를레네 디트리히는 이를 보여주는 살아 있는 본보기였다.

그렇다면 마지막 질문이 하나 남는다. 사랑이 아닌 공격성은 우린 인간과 어떤 관계일까? 이 부분은 나중에 다시 언급하겠다.

사회적 연대를 위한 기본 토대

우리가 왜 사랑 없이 살 수 없고 건강한 삶을 유지하지 못하는지, 공격성이 어떤 목적을 가지고 있는지는 현대 신경과학이 새로이 밝힌 지식을 통해 이해해볼 수 있다. 인간에게 삶에 대한 의지는 선천적으로 주어지지 않는다. 삶의 의지는 부유물을 수면 위로 올리는 부력처럼 저절로 생기는 것이 아니다. 우리로 하여금 아침마다 침대에서 일어나도록 도와주고, 일상의 도전과 난관에 대비하도록 하고, 생의 즐거움을 느끼도록 만드는 모든 에너지는 신경생물학적 토대를 가진다.

이런 에너지는 두뇌 중앙에 있는, 이른바 중뇌에 자리한 신경세포 연결망에서 도파민, 베타-엔도르핀, 옥시토신이라는 전달물질을 생성할 때에만 생겨난다.[2] 매체에서는 이런 신경전달물질을 '행복전달물질' 또는 '행복호르몬'이라 칭하기도 한다. 도파민은 인간에게 정신적 에너지를 부여하며 베타-엔도르핀은 고통을 경감시켜준다.[3] 옥시토신은 친밀감과 신뢰를 느끼게 하며, 공감 능력을 촉진시킨다(이 부분은 뒤에서 다시 이야기하겠다). 이러한 전달물질이 생성되는

신경망을 '동기 체계' 또는 '보상 체계'라고 한다.[4]

사람 사이에서 경험한 애정과 사랑은 이러한 체계를 활성화시키고 앞서 말한 신경전달물질들의 생성을 자극해 우리가 좋은 감정을 느끼도록 하며 생기를 일깨운다. 반드시 늘 사랑일 필요는 없다. 온갖 종류의 사회적 유대를 우리는 일상생활에서 경험한다. 이는 신경세포 연결망을 활성화시켜 우리 안에 유쾌한 감정을 불러일으킨다. 즉 보상인 셈이다(그래서 보상 체계라 불리는 것이다).[5] 편안하고 즐거운 감정은 우리가 노력해서 얻을 준비가 되어 있기 때문에 우리의 동기를 자극한다(그런 까닭에 동기 체계라고도 한다).[6]

사회적 유대를 향한 욕구는, 특별히 이에 초점을 맞춰 진행된 여러 연구에서 보여주듯이 유쾌한 감정에 대한 욕구보다 더 깊은 곳에 자리한다.[7] 사랑이 재미나 즐거움을 만들어낸다는 사실은 실로 경이롭다. 그런데 왜 어려운 시절이나 재미없는 시기를 견뎌내야 하는 경우에도 상당수의 친구나 연인 또는 부부 관계가 유지되는 것일까?

우리 몸의 관점에서 사회적 결속은, 특히 어려운 시기에는 그 자체로 가치가 있다. 관계가 의미 없어졌거나 견딜 수 없어졌단 이유로 관계를 끝내는 것은 몸의 관점에서 보면 의문의 여지 없이 충분히 그럴 만하다. 때문에 버티는 경우만큼이나 다소 성급히 이별하는 경우도 적지 않다. 하지만 이는 우리를 그리고 주변의 소중한 사람들을 일회용품처럼 만들 위험성을 품고 있다. 긴밀한 유대의 상실은 하나하나 엄청난 힘이 소모되는 사건으로 질병을 유발한다. 나이든 사람의 경우는 심지어 치매의 출발점이 되기도 한다.

인간관계에서 풀리지 않는 문제들, 관계의 단절 또는 부재는 우울증을 일으키는 전형적인 (사회심리학적) 요소 중 하나다. 사회적 고립이나 고독, 또는 애정 관계에서 발생하는 문제들은 동기 체계를 더 이상 활성화시키지 않으며, 신경전달물질을 분비하게 만들지도 않는다. 삶에 대한 기쁨은 시들해지고 생에 대한 권태에까지 이를 수 있다.

많은 사람이 주변 사람들과 잘 어울리고 관계 속에서 충분한 즐거움을 느끼며 자신의 연인이나 배우자에게 만족한다. 반면 인간관계에서 매번 지속적으로 어려움을 겪는 사람들은 교우나 연인 관계가 거의 한결같이 편안한 상태와는 먼 곳에 다다르곤 한다. 이런 경우 대부분은 어린 시절에 겪은 좋지 않은 경험과 관련이 있다. 즉 초기 아동기라 불리는 유아기에 부정적 경험을 자주 했기 때문이다.[8]

생애 첫 3년 동안 당한 방치와 냉대, 관계 부족, 폭력의 경험 또는 다른 식의 트라우마, 예컨대 장기간의 병원 입원이나 고통스런 치료 과정 등으로 인한 정신적 외상은 동기 체계를 지속적으로 약화시킬 수 있으며, 이는 좋은 관계를 맺고 발전시킬 수 있는 능력을 떨어뜨린다. 이에 속하는 사람은 종종 깊은 무력감을 느끼며 추진력이 부족하다. 스스로 무가치하다고 느끼며 타인에게 다가가는 것을 어려워한다. 이와는 달리 만 세 살을 넘긴 아이가 애정 결핍이나 방치를 경험하면 동기 체계가 과잉 활성화된다. 이런 아이들은(그리고 이들이 자라 성인이 되면) 끊임없이 '킥Kick'을 필요로 한다. 흥분이나 자극 같은 킥이 도파민을 분비해주는 탓으로, 킥이 없으면 이들은 안정을 찾지 못한다.

인간관계를 맺거나 지속하는 데 어려움을 겪는 사람들은 삶에 대한 만족감이 지극히 낮다. 이들의 동기 체계는 늘 자기 능력치의 하한선을 계속해서 달린다. 조만간 수명이 다할까 싶어 매 순간 걱정해야 하는, 털털거리는 자동차에 올라탄 것처럼 말이다. 이런 경우 자신의 동기 체계에 다른 대안으로 자극을 가할 위험이 높아진다. 즉 인간관계라는 영역에서 혼란이나 단절이 일어나 제대로 이루지 못한 것을 물질이나 대체 행동으로 메우려는 것이다. 달콤한 간식거리에 집착한다거나 디지털 장난감에 몰두하는 아이들이 그렇다.[9] 실제로 설탕은 동기 체계를 자극하며 디지털 단말기도 마찬가지다.

청소년과 성인의 경우 자신들의 가라앉은 동기 체계를 알코올로 고무시키며,[10] 코카인 같은 약물로 자극하는[11] 이들도 적지 않다. 두 가지 모두 도파민 생성을 강력하게 활성화시키는 물질이다. 인류 역사에서 비교적 최근에 발명된 돈[12]도 그 사이 동기 체계의 막강한 자극제로 자리 잡았다.[13] 돈은 약물 같은 위험성을 품고 있다. 왜냐하면 착각을 불러올 수 있기 때문이다. 돈으로 인정, 격려, 애정 같은 부족한 것을 대체할 수 있다는 착각 말이다. 성적 행위도 마찬가지다. 성행위는 사랑이 주는 관능적인 보너스일 때 가장 이상적이다. 그런데 진정으로 사랑을 할 줄 모르거나 그러한 관계가 결여되면, 섹스가 중독성 강한 약물을 대체하게 되며 섹스 중독으로도 이어질 수 있다.[14] 이는 인터넷 덕분에 널리 확산된 정신적 질환 중 하나가 되었다.

차별로 인한 고통

인간 사이의 유대나 사랑을 '선'이라고 한다면, '악'은 무엇일까? 공동체적 결속 또는 사랑이 부족하면 그저 삶에 대한 긍정적 감정만 해를 입는 것이 아니다. 오랫동안 지속된 고독이나 사회적 고립은 면역 체계를 약화시키며 질병의 위험, 무엇보다 나이 많은 사람들의 사망 위험을 높인다.[15]

인간관계 속에서 경험한 소외와 차별은 적어도 독만큼이나 유해하다. 가까운 사람들에게 의도적인 무시를 당하며 그 사이에 끼지 못하고, 그들끼리의 끊임없는 대화에 참여하지 못하는 것은 고통이다. 대부분의 사람이 아마 생생히 기억할 것이다. 어린 시절 운동장 가장자리에 밀려나 있었을 때의 감정을. 같이 놀자는 청이 차갑게 거절당하던 경험을 말이다. 부모나 교사가 고의로 외면하며 처벌을 가했을 때의 느낌은 또 어떠했던가? 많은 아이가 처벌의 일환으로 몇 시간 혹은 하루 종일 부모와의 대화를 거부당한 경험이 있다. 체벌처럼 끔찍한 상황은 자녀 교육에 있어 절대 가서는 안 되는 '금지' 구역에 속한다. 그런데도 사람들은 이와 같은 일들을 종종 저지른다.[16] 어른들에게도 말이다.

가정이나 일터에서, 또는 사교 모임에서 우리는 늘 반복적으로 의도적이게 없는 사람 취급을 당한다. 환영받지 못하고 '단절'되며 소외되는 상황을 누차 겪는다. 이런 차별과 무시의 경험은 인간을 깊은 충격과 슬픔에 빠트린다. 일을 벌인 가해자를 좋아하지 않거나, 가해자의 관심과 애정을 중요하게 여기지 않더라도 말이다. 왜 그럴까?

사회적 소외는 단지 어떤 휘발성의 부정적 감정을 불러일으키는 데서 그치지 않으며, 인간의 몸에 생물학적 흔적을 남긴다.[17] 나오미 아이젠버거Naomi Eisenberger와 매튜 리버먼Matthew Lieberman은 의도적인 무시나 소외의 경험이 '일반적으로' 인간에게 신체적 고통이 가해질 때 활성화되는 신경망을 마찬가지로 활성화시킨다는 사실을 발견했다. 신체적 고통은 통증 신호가 뇌로 전달된 다음(이 신호가 들어가는 입구는 시상Thalamus이다), 뇌의 두 곳에 기록된다. 인간이 경험한 신체적 통증은 체성감각 피질Somatosensory Cortex에 새겨지고, 고통의 경험은 전방 대상 피질Anterior Cingulate Cortex, ACC을 활성화시킨다. 신체적 고통뿐만 아니라 사회적 소외나 거부 또는 차별도 ACC를 활성화시킨다. 따라서 놀이터나 가정에서 혹은 유치원이나 학교에서 소외된 아이들이 느끼는 것은, 일터에서 집단 따돌림을 당하거나 모임에서 무시와 차별을 당하며 타인과 '단절된' 사람들이 느끼는 것은 모두 고통이다.[18]

고통은 공격성을 낳는다

고통을 겪을 때 우리 몸은 방어 반응으로 대응한다. 공격성은 그 자체가 목적이 아니다. '공격 욕동'이라는 것은 없다. 이 점에 있어선 욕동의 개념을 만들어낸 정신분석의 창시자인 지그문트 프로이트도, 공격성의 관점에서 본능을 관찰한 동물학자 콘라트 로렌츠도 틀렸다고 할 수 있다.[19] 공격성은 불안이나 공포처럼 진화로 생겨난, 필요에 따라 불러낼 수 있는 감정 및 행동 프로그램이다.[20] 이 프로그램의 기능은 인간 유기체를 신체적 습격과 혐오스러운 경험으로부터 보호하는 데 있다.

고통은 공격성을 낳는다. 소외당했거나 굴욕적인 경험을 한 아동 및 청소년들이 다른 이들보다 더욱 공격적인 성향을 보이는 것은 이 때문이다. 즉 고통이 분노로 전환된 것이다. 인간은 자기 안의 공격성이나 분노를 감지하는 법을 배워야 한다(가능하다면 일찍이 유년기에 습득하는 것이 제일 좋다). 이를 하나의 신호로서 진지하게 받아들이고, 사소하게 넘기지도 말고 미심쩍은 것으로 치부하지도 말며, 억제하는 법을 배워야 한다.

공격성이 발휘되는 곳에서 공격이 되풀이된다. 사람들(대부분 아이들)은 분노의 감정 때문에 처벌을 받게 되면, 그 지점에서 끓어오른 공격성은 쉽게 '자신'을 향하게 되고 불안이나 우울로 이어진다. 공격성은 혈액 순환을 촉진시키며 혈압 상승을 불러온다. 모욕을 받아 높아진 혈압은 상처 입은 감정이 적절한 방법으로 해소될 경우 다시 정상화된다. 그렇지만 마음의 상처나 모욕이 해소되지 않은 채로 남아 있으면 이로 인해 고혈압이 될 수 있다.[21]

'좋은 삶'의 전제 조건

사회적 수용과 인간 사이의 연대, 애정이 없으면 생기도 활력도 동기 부여도 삶의 기쁨도 없다. 그렇다면 여기서 한 가지가 분명해진다. 사회적 공존을 잘 이루는 것이 인간의 운명임을. 지금껏 우리가 이야기한 내용을 바탕으로 '좋은 삶'을 정의하자면 에우다이모니아적 삶의 태도와 부합한다. 그리고 이는 건강에 이로운 유전자 활동 패턴을 낳는다.

서로를 무시하고 경시하는 일, 사회적 소외와 차별은 우리 자신은 물론이고 다른 사람에게도 해를 입히는 파괴적인 과정이다. 이는 가족 같은 작은 집단에서만 일어나지 않는다. 강자의 법칙이 통용되는 거대 사회 단체에서도 나타난다. 이를테면 미국처럼 사회적 소외와 차별로 불이익을 당하는 집단이 존재하거나, 러시아나 중국처럼 억압적인 지배 질서가 강하고 소수 민족을 향한 폭력이 자행되는 곳도 있다. 유럽은 대안적인 구상을 그리고 있다. 공정한 사회 참여와 분배로 모두가 '좋은 삶'을 실현하고 삶의 만족을 누릴 수 있는 평화를 이루려고 시도 중이다.

사회적 소외와 차별은 통증 체계에서 다뤄지며 공격성에 불을 붙인다. 공격성은 불안 및 공포를 느낄 때처럼 불안 중추인 편도체의 활성화를 불러온다. 따라서 편도체를 '공격 중추'라고 불러도 무리는 아니다.[22] 앞서 2장에서 설명했듯이 불안 중추의 활성화 정도는, 온몸에서 진행되며 은밀하게 '레이더망 바깥을 날아다니는' 위험하고도 만성적인 염증 수준과 상관관계가 있다.[23] 이런 염증은 여러 차례 언급했듯이 심혈관 및 암 질환, 치매의 출발점이 된다. 이 모두가 '좋은 삶'으로 가는 길도, 인간의 정해진 운명도 아니라는 사실은 너무나 분명하다.

우리는 무엇을 할 수 있을까? 내일의 세계로 향하는 우리의 길은 무엇에 달려 있을까? 앞에서 설명했듯이 의학자 및 신경과학자들은 우리가 무엇을 '해야 하는지'와 같은 철학적 질문보다는 주어진 생물학적·심리적·사회적 조건을 고려하여 우리가 무엇을 '할 수 있는지'에 더 초점을 맞춘다. 철학적 접근과 의학적·심리학적 접근은 상호 배타적이지 않다. 만일 양측의 관점이 서로 어울리지 않고 어긋났다면 상당히 불행했을 것이다. 하지만 다행히 그래 보이지는 않는다. 동기 부여와 사회 참여, 삶의 만족은 우리가 서로 관심을 기울이고 협력하도록 북돋는다. 우리가 서로에게 귀를 기울이고 감정과 생각을 자유로이 표현할 수 있는 기회를 상호 간에 제공하면, 이는 자연스레 동기 체계의 활성화라는 결과로 이어진다.[24]

우리가 앞서 살펴본, 소외와 무시가 미치는 치명적인 영향은 특히 자원이 부족한(애정과 관심이라는 자원도 빈약한) 세계에선 절대 피할 수가 없다. 강렬한 차별의 경험은 이로 인해 공격성이 높아지면서 통증 중추에 영향을 가하지만, 자신이 속한 사적 영역에서 친구나 구성원으로부터 충분히 그리고 확실히 보호받고 있다고 느끼면 그 위험성이 차차 완화된다.[25] 긴밀한 인간관계는 모든 종류의 고통으로부터 우리를 보호해준다.

사회적 소외는 심리적 차원에서뿐만 아니라 경제적 차원에서도 일어난다. 거대한 부의 세상에서 빈곤은 그저 정치적·사회적 폐해에서 그치지 않는다. 상대적 빈곤에 처한 사람은 불이익과 차별 대우를 당했을 뿐만 아니라 사회적 소외를 경험했다는 뜻이다.[26] 인간의 두뇌는 공산주의적이지 않으며 차이에 관대하다. 하지만 어느 정도까지만 허용한다.[27] 만약 부유한 사람들이 결핍에 시달리는 다른 이들을 위하여 더 많이 갖는 것을 포기한다면, 이는 한 연구 결과에서도 나와 있듯이 (사회적으로 불이익을 당한) 빈곤한 사람들뿐만 아니라 소유를 포기한 부유한 사람들에게도 행복전달 물질이 분비된다.[28] 따라서 에우다이모니아적인 '좋은 삶'에는 최소한의 사회 정의도 포함된다.

요약하면 이렇다. 인간은 개인적 관점에서는 의미 지향적 삶을, 사회적 관점에서는 사회 친화적 공존의 삶을 살도록 정해진 존재다. 이 둘이 합쳐진 것이 바로 '좋은 삶'이며, 다르게 표현하면 '인간성'이라 할 수 있다.

4장

공감의 주체 '자아'

신경생물학적 기본 토대가 그래서 중요하다. 다른 사람을 대할 때 우리는 그의 유전자 또는 동기 체계나 공격 체계가 아니라 한 개인을 만나게 된다. 즉 감정을 느끼고 생각하고 결정하는 개별 인격과 마주하는 것이다. 이는 신경생물학적 토대가 전혀 중요하지 않다는 뜻이 아니다. 오히려 그 반대다.

인격은 말 그대로 '중추적인' 의미가 있다. 인격은 생물학적 내면세계와 사회적 외부 세계 사이의 접점에 위치한다. 인격은 인간의 내면으로 들어오는 자극을 수용하고 해석하며 자기 에너지로 사용할 수 있도록 만든다. 또한 사회적 접촉을 담당한다. 인간은 자신의 내면과 외부의 사회 환경에서 조우한 것을 '경험'하며, 자기 자신과 주변 환경에 '행동'을 취한다.

인격에는 한 인간이 느끼고 사고하고 행동하는 특정 방식만 속해 있는 것이 아니다. 각 인격은 자기 이해가 있으며 사적인 내면의 삶, 성찰하는 내적 영역이 있다. 인격은 스스로에 대해 깊이 사고할 수 있으며, 외부의 시선에 자신이 어떻게 비춰질지 상상할 수도 있다. 의미 지향적으로 살고 싶은지, 아니면 자기 삶에 대해 깊이 생각하기를 포기할 것인지의 여부 또한 인격의 영역에서 결정된다. 그리고 이는 현재의 정신적·신체적 건강 상태에까지 영향을 미친다.

자아 연결망의 발견

인격, 즉 인간의 '자아'가 신경과학계에서 연구 대상이 되기 시작한 것은 불과 몇 년 전이다. 인격을 탐구하기 위해 신경과학적 연구에서 택한 접근 지점은 이미 언급한 인간의 성찰적 내면 영역, 다시 말해 스스로에 대해 깊이 사고할 수 있는 능력이다. 인간은 모두 내면에 자기가 누구인지에 관한 생각과 신념 그리고 확신을 가지고 있다. 즉 우리는 이 처럼 스스로에 대한 견해를 가지고 있는데, 이것을 마음 이 론Theory of Mind이라고 하며, 전문가들은 동명의 이론으로 이를 설명한다. 우리의 이런 생각들이 얼마나 객관적인지 또는 옳은지 하는 질문은 여기서 아무런 의미가 없다.[1] 다만 이러 한 생각들이 존재하고, 우리가 '인격'이라 칭하는 것이 이러 한 생각들을 형성한다는 사실은 '객관적'이다.

우리가 자기 자신에 대해 지니고 있는 생각과 신념 그리 고 확신은 (신경과학자들의 가정에 따르면) 두뇌에서 이를 담 당하는 신경세포 연결망에 저장돼 있어야 한다. 다음의 경 우를 같이 한번 생각해보자. 지원자의 자격 조건이 정확히 명시된 채용 공고를 봤다고 치자. 자신이 거기 적힌 자격 조 건에 부합하는지 따져보는 일이 가능하려면, 공고문을 읽 은 인격이 스스로를 어떤 인간이라고 생각하는지 (정직한 자 기 평가의 틀에서) 관련 지식이 저장되어 있는 자기 내면의 창고에서 정보들을 꺼낼 수 있어야 한다.[2] 이 창고는 몇 해 전에야 비로소 발견되었는데, 이를 '자아 연결망Selbstnetzwerke' 이라고 부른다.[3]

자아 연결망은 전두엽의 아래층, 쉽게 말해 인도 여성들이 빈디 점을 찍는 곳 뒤쪽 영역에 자리하고 있다. 그러니까 양쪽 눈썹 사이에 찍히는 점의 안쪽이라고 생각하면 된다.[4] 바로 여기에, 양 눈두덩이 조금 위 중간 지점에 자아의 신경생물학적 상관자Korrelate가 위치해 있다.[5] 이곳에 현재 우리가 어떤 감정을 느끼는지, 스스로 어떤 성격적 특성을 지녔다고 생각하는지, 고유의 신체적 특성을 어떻게 여기는지가 저장되어 있다.[6] 그런데 자아 연결망은 이들 외에 다른 것도 저장한다. 우리가 무엇을 추구하는지, 즉 삶에 대한 우리의 태도도 여기에 저장된다.

한 실험에서 연구진은 조사 대상자들에게 (지극히 개인적인 관점에서) 삶에서 어떤 가치가 제일 중요한지, 다시 말해 그들 삶에서 가장 의미 있는 것이 무엇인지 그리고 어떤 목표가 가장 중요한지에 대해 깊이 집중적으로 생각해보라는 주문을 했다. 이런 식의 사고 연습을 심리학적으로 일컬어 자아 확인 또는 자기 가치 확인Self-Affirmation이라고 한다. 이와 같은 성찰이 어떤 신경세포 연결망의 활성화를 불러오는지 확인해보았더니 바로 여기, 전두엽의 아래층에 자리한 자아 연결망에서도 활성화가 일어났다.[7] 이를 미루어보아 자아 연결망이 (의미가 빠져 있는) 단순한 자아 인식의 신경 상관자일 뿐만 아니라, 인격의 핵심이 암호화되어 남겨지고, 의미 지향적이고 에우다이모니아적인 삶의 태도가 만들어지는 곳이라는 사실이 분명해진다.

공감, 인격의 필수 요소

우리의 일상에서 대부분의 경우, 타인에 대해 깊이 생각할 기회는 거의 없다. 대개 동조하는 수준의 소소한 표현을 하는 것으로 그친다. 인사를 건네거나 미소로 응답하는 등의. 하지만 공동의 삶을 일구고 함께 일을 하거나 사적인 관계를 맺는 곳에서는 이 정도 표현으로는 결코 충분하지 않다. 이런 데서는 상대방이 왜 그렇게 행동하는지 서로 파악하고 이해하는 것이 중요하다.

인간은 그저 물리적인 존재가 아니다. 우리가 활보하는 공간은 사회적 공간이다. 우리 인간은 서로 '이해'할 수 있다는 점에서 사물과 구별된다. 사회적 공간 속에서 우호적 공존과 연대가 가능하도록 방향을 잡아주는 기술 중 하나가 바로 공감이다. 공감에는 인지적(사고적·지성적) 층위와

정서적(감정적·직관적) 층위 그리고 행동적 층위가 있다.[8]

공감의 인지적 층위는 다른 사람의 내면 상황을 '의식적으로' 고려하는(상대방의 처지를 헤아리는) 능력, 행동의 동기를 유추하는 능력, 행동을 해석하고 이해하는 능력과 관련 있다.[9] 정서적 층위는 말 그대로 감정 이입을 하는 능력에 해당된다. 감정 이입은 주로 의식적인 통제 바깥에서 일어난다. 한 인간의 기쁨이나 슬픔 또는 고통은 보통 우리가 이에 대해 생각하기도 전에 다른 사람에게 전이된다. 행동적 층위는 직관적인(대개 무의식적인) 측면과 사고적인 측면을 다 가지고 있다. 우리가 일상에서 무의식적으로 행하는 모방 행동을 떠올려보자. 즉 우리는 마주앉은 누군가가 코를 긁거나 다리를 꼬면 자연스럽게 같은 동작을 취하는 경향이 있다.[10] 공감의 행동적 층위에서 사고적 측면은 도움을 필요로 하는 다른 사람을 위해 우리가 (인지적 이해 및 정서적 동질감에 이르는) 무언가를 행할 준비가 되어 있는지와 관련 있다. 타인을 도우려는 행위는 내면의 도덕적 태도에 의해 촉진된다.[12]

공감은 다면적인 현상이다. 또한 인지적 층위와 정서적 층위 그리고 행동적 층위가 함께 작용할 때 비로소 공감의 온전한 특성이 드러난다. 이들 세 가지 층위는 각기 다른 두뇌 활동 체계와 연관되어 있다. 따라서 인지적 공감이 잘 형성되었더라도 직관적인 감정 이입은 약하게 나타날 수 있다. 반대의 경우도 마찬가지다. 아스퍼거 증후군이 있는 사람들은 공감이나 정서적 교류 능력이 부족하지만 계산이나 체스, 컴퓨터 분야에서는 놀라운 재능을 보이곤 한다. 흥미롭게도 알츠하이머 질환에 걸린 사람들은 공감 능력(주변 인물의 공감을 인식하는 능력까지도)을 상당히 오랫동안 유지한다. 사이코패스의 경우 공감에 관여하는 여러 두뇌 영역에서 변화가 관찰된다(물론 이러한 변화는 사는 동안 생겨난 것이지 선천적인 것은 아니다).[13]

한 인간에게 공감하는 능력이 있는지, 그렇다면 어느 정도인지는 심리학적 방법론으로 조사할 수 있다. 이를 위한 일련의 심리학적 측정 도구들이 마련되어 있으며, 공감의 정도뿐만 아니라 공감 능력의 결여도 파악할 수 있다.[14]

우리의 자아는 다른 사람과 분리될 수 없다

자아 연결망은 인간이 자기 자신을 어떠한 존재로 여기는지를 저장할 뿐만 아니라, 가까이 있는 다른 사람에 대한 견해 또한 저장한다.[15] 소중한 또는 친밀한 타인과 우리 인격은 심리적 차원에서뿐만 아니라 두뇌의 신경세포 차원에서도 결합된다.[16] 이러한 결합은 '자아'의 생성 역사에 기원이 있다. 이는 생애 첫 2년 동안, 즉 갓난아이가 자신에게 가장 중요한, 이를테면 부모 같은 인물들과 공생하는 시기에 시작된다.

갓 태어난 아기는 '자신'과 '자신이 아닌 것'을 아직 구별하지 못한다. 이를 구별하는 능력은 초기 유아기가 지나야 비로소 발달한다. 생이 시작될 때 자리 잡은 '나'와 나에게 중요한 '너' 사이의 신경세포 결합은 평생 (이른바 은밀하게 오고가며) 유지된다.[17] 우리가 자기 자신(고유의 인격)에 대해 깊숙이 고찰할 때면, 우리도 모르는 사이에 우리 가까이에 있는 사람들의 '자아' 및 내면세계에 대한 생각(상상)도 그네를 타듯 매번 오고간다. 거꾸로 가까운 타인에 대해 깊이 고찰할 때에는 자신의 내면세계와 고유의 '자아'에 대한 가정과 견해가 늘 작용한다.

우리 고유의 자아 안으로 들어와 신경적으로 엮이는 '가까운 타인'에는 우리가 유대 관계를 맺고 있는 가족 구성원이나 친구들은 물론이고, 본보기로 삼는 사람이나 저명한 인물 또는 존경하거나 흠모하는 정신적 스승들도 포함된다. 그러면서 우리는 이들과 자신을 동일시한다.[18] 여러 연구 결과가 보여주듯이, 현실의 인물뿐만 아니라 문학이나 영화의 세계에서 나온 가공의 인물 또한 우리의 자아에 편입될 수 있다. 우리의 시선에 그들이 긍정적인 의미로 돋보이거나 우리에게 영웅으로 느껴진다면 말이다.

인격의 신경적 표현이 친밀하거나 중요한 타인과 결합된다는 말은 우리의 자아가 함께 살아가는 다른 인간들과 결코 분리될 수 없다는 뜻이다. 다른 사람들이 잘 지내지 못하면 우리 자신 또한 잘 지낼 수가 없다. 이러한 결합 덕분에 우리는 타인의 처지가 되어 생각할 수 있고, 타인의 관점을 받아들일 수 있으며, 우리가 타인의 입장이라면 어떨지 상상해볼 수 있다. 우리는 이를 대부분 무의식적으로, 말하자면 거의 자동적으로 행한다. 만약 우리가 이를 '의식적으로' 행한다면 다른 사람의 행동 동기를 이해하는 것이 가능해진다. 즉 '마음 이론'을 타인에게 적용할 수 있게 된다. 입장을 바꾸어 헤아려보는 능력, 이른바 관점의 전환은 공감의 인지적 부분을 대표한다. 이는 공감에서 핵심이라고 할 만큼 중요하다. 공감의 정서적 부분은 이어지는 다음 장(5장)에서 다룰까 한다.

공감의 산물

한 인간의 자아가, 그리고 그 신경세포 상관자가 유명인이나 영웅 또는 정신적 롤 모델과도 결합할 수 있다는 사실은 엄청난 의미를 가진다.[19] 본보기가 되는 인물들은 우연히 우리의 존경심을 얻는 게 아니다. 우리가 흠모하는 가치와 성품을 그들이 드러내고 대표하기 때문이다. 다른 사람과의 이런 인격적 결합은 사적으로 친분 관계가 없더라도, 이른바 '가치 결합'에 기초하여 이루어질 수 있다. 이 같은 신경세포 결합은 타인을 필요로 하지만 내가 속한 환경에 꼭 그가 있을 필요는 없다. 가치는 개인의 차원을 넘어선다. 개별 인간은 부처나 유대인 학자, 예수나 성모 마리아, 선지자

무함마드, 달라이 라마와도 자신을 동일시 할 수 있다. 이런 인물들 중 하나를 골라 추종하게 되면, 우리의 두뇌에서 '자아'의 심리적 표상과 신경적 표현이 추종하는 인물의 심리적 표상 및 신경적 표현과 겹쳐진다.

존경받는 '하나의' 영적 지도자는 수많은 추종자들과 '서로서로' 연결된다. 추종자들 각각의 자아에 '공동으로' 엮여 들어간 존경받는 인물의 표상으로 인해서 말이다. 이는 가치 결합을 넘어 서로 '친밀한 인물'이 되도록 만든다. 추종자와 영적 지도자가 개인적으로 아는 사이가 아니더라도 말이다. 신앙이 있는 사람이라면 아마 잘 알고 있을 것이다. 누군가 같은 종교를 갖고 있다면 첫 만남에서부터 그에게 친근한 감정이 든다는 것을.[20]

신경과학적 지식은 종교의 의미를 비롯해 종교의 영적 대리인들에 대해 더욱 잘 이해할 수 있도록 도와준다. 가치는 그 자체로 인적인 요소가 아니며, 신경적 자아 체계의 관점에서 볼 때 관계에 능하지 않다. 그래서 낯선 사람들이 공동의 가치를 넘어 서로 가까워지려면 이와 관련된 인적인 상대 또는 제3의 인물이 필요하다. 즉 서로를 연결시키는 가치를 짊어지고 나르는 역할을 하는 누군가가 필요하다는 말이다. 한 사람이 다른 사람의 보호를 받는(예컨대 상담을 받거나 치료를 받는) 상황에서 얼굴을 마주보며 그가 마음속 깊이 믿는 것이 무엇이고, 그에게 실로 중요한 가치가 무엇인지 묻고 답하는 과정이 이어진다면 둘 사이에 연결 고리가 만들어질 수 있다. 공동의 가치를 대표하는 제3자를 내세우는 것도 같은 효과를 낼 수 있다.

다른 사람에게 가치를 묻거나 공동의 가치를 대리하는 제3의 인물에 대한 질문을 한다는 것은 앞서 언급한 '자기확인'으로 초대한다는 뜻이다. 질문자가 진심을 다해 묻는다면, 계산적이거나 냉소적이지 않은 태도로 질문을 건넨다면, 이는 두 사람 사이에 공동의 토대가 마련되었음을 암시하는 신호가 되어 둘 사이에 연결성을 만들어낸다. 이렇게 생겨난 두 '자아'의 결합은 잠긴 문을 활짝 열어주며, 여러 연구가 보여주듯이 다른 때였다면 불가능했을 인격적 변화 과정을 가능하게 만들기도 한다. 이런 질문은 대화 상대를 안심시키며, 질문자의 행동이나 태도를 시험대에 올려놓고 설득력이 있을 경우 그의 가치에 따라 대화 상대가 스스로를 바꾸기도 한다.[21]

따라서 나는 환자들이 자기 삶을 바꾸기 어렵다고 토로

하면, 각자 타당한 이유가 있다고 하더라도, 자기 삶에서 가장 중요한 가치들이 무엇인지를 물어본다. 이런 자기 가치 확인에는 신앙에 대한 질문도 포함된다. 사람들로 하여금 양심의 가책을 느끼게 하려는 것이 아니다(오히려 이는 반치료적이고 반생산적일 것이다). 그동안의 삶에서 신앙을 잃고, 그 결과 중요한 정신적 인물과의 결합이 끊어지고, 그러면서 실존적 불안으로 이어진 사건들이 있었는지를 탐색하기 위해서다.

가치는 철학적 빅뱅의 산물이 아니라, 인간관계의 산물이다. 임마누엘 칸트의 정언 명령에는 타인과 입장을 바꾸어 생각한다는 전제 조건이 내포되어 있다. 이 유명한 문구를 풀이하자면, 보편적 원칙은 나만의 관점에서 옳은 것이 아니라 모든 사람이 수용할 수 있는 것이 되어야 한다는 뜻이다. 관점의 전환 또한 정언 명령 안에 묵시적으로 포함되어 있다.

하지만 우리는 사람을 사랑하는 방식대로 도덕적 가치를 사랑할 수는 없다. 그래서 사람들은 주요 인물과의 관계에서—아이일 때는 부모나 조부모 또는 교사나 멘토 같은 비교적 좁은 범위 내에서 택하지만 나중에는 보다 확장된 범위 안에 있는 롤 모델이나 인생의 스승과의 결합에서―겪은 가치를 내면화한다. 비록 도덕적 가치가 철학적 담론 속에서 추상화된 것이라 할지라도 가치는 여전히 관계의 산물이다. 그러면 한 가지가 분명해진다. 도덕적으로 중요한 인물이 주변에 없거나 또는 주변의 인물이 도덕적으로 부적격하면, 특히 어린아이의 경우, 도덕적 위기에 처할 수 있다는 것. 철학자들의 철학을 향한 사랑은 언제나 인적인 출발점을 가지고 있다(그리고 대부분은 이 출발점에서 벗어나며, 심지어 이에 맞서기도 한다). 소크라테스와 플라톤은 이런 정신적 부모 자식 관계를 보여주는 아주 오래된 사례다.

흥미롭게도 모든 거대 종교의 중심에는 각 종교가 내세우는 가치를 상징하는 인적인 대표들이 있다.[22] 신의 존재를 언급하지 않는 불교조차도 정신적 대표자인 부처나 달라이 라마가 없다면 제대로 작동하지 않을 것이다. 물론 무신론에도 선지자와 교황은 있다. 아이러니하게도 오늘날 무신론자로 여겨지곤 하는 이탈리아의 철학자 조르다노 브루노Giordano Bruno와 찰스 다윈은 무신론자가 아니었다. 그저 이들은 내부적으로 모순이 가득한 종교적 신앙에 의문을 품었을 뿐이다. 다윈의 경우 그의 전기를 읽어보면 이를 분명하게 확인할 수 있다.[23] 세계의 모든 종교를 화해시키려는 목적을 가지고 활동하는 이들, 이를테면 스위스의 가톨릭 신학자인 한스 큉Hans Küng이나 오스트리아 출신의 미국 베네딕트 수도사 데이비드 스타인들-라스트David Steindl-Rast는 그 자체로 대단한 가치가 있다.[24] 그럼에도 이들이 지금까지 전 지구적인 모멘텀을 발휘하지 못하는 이유는, 하나의 공동 신념을 대표할 수 있는 정신적 인물이 부재하기 때문일지도 모르겠다.

5장

신경세포의 공명,
공감의 정서적 성분

고유의 인격이, '자아'가 다른 사람의 관점과 내면의 동기가 무엇인지 의식적으로 생각(상상)할 수 있는 능력은 공감의 두 가지 요소 중 하나에 불과하다.[1] 의미 지향적인, 에우다이모니아적인 '좋은 삶'을 바라보는 입장에선 이처럼 인지가 강조되는 첫 번째 요소가 감정에 방점이 찍힌 두 번째 요소보다 더 중요할지 모른다.

감정이 보다 강조되며 직관적인 공감의 정서적 요소는 사람 간에 공명 현상을 불러온다. 이는 신경적 공명 체계에 기초한다. 공명이란 물리학에서 비롯된 현상으로 널리 알려져 있다. 소리를 내는 물체는 고유의 진동수를 가지는데, 음을 내며 진동하는 기타 줄 하나는 음파를 통해 자신의 진동

수와 같은 두 번째 기타의 다른 줄을 진동시키며 음을 내게 만들 수 있다.[2] 원리적으로는 이와 비슷한 현상이 두 사람 사이에서도 일어날 수 있다. 한 사람의 활동 상태(기타로 치면 '소리')는 다른 사람에게 전이될 수 있다.

사람 간의 공명은 우리가 종종 매체에서 접하는 에코 현상, 즉 반향 현상으로 다룰 문제가 아니다. 내가 산 정상에 올라 반대편에 있는 산을 향해 외친 목소리가 되울리면서 들려오는 에코는 '나의' 목소리다. 하지만 두 번째 기타 줄에서 생긴 울림, 다른 말로 맞울림을 낸 주인은 공명한 두 번째 기타 줄 자신이다. 독일의 영화감독 루이스 트렌커Luis Trenker가 연출한 영화의 제목이기도 한 '산이 부른다Der Berg ruft'는 표현은 낭만적인 세계에나 속하는 말이다.

인간 사이의 공명은 우리를 '달라지게' 한다. 맞울림을 낸 두 번째 기타 줄의 상태처럼 말이다. 이 줄은 이전의 조용했던 상태와 비교하면 실제 물적으로 달라진 상태다. 다른 사람이 자신의 좋은(또는 가라앉은) 기분을 전파시키면 그 기운을 받은 사람도 실제 좋은(또는 가라앉은) 기분으로 바뀌게 된다. 즉 우리의 심적 상태가 달라진다. 주변 사람이 심하게 다치는 모습을 우연히 봐도, 예를 들어 칼에 손가락이 깊이 베이는 것을 보면 자신의 손가락이 베인 것 같은 고통을 느끼게 된다(몇몇 독자는 이 문장을 읽는 것만으로도 아픔이 느껴져 얼굴을 찡그렸는지도 모르겠다). 가까운 누군가가 구역질을 하거나 심지어 구토를 하면 자신의 속도 불편하게 느껴진다. 엄청 추워하는 사람이 있으면 자신도 추운 것 같다. 하품이 전염되는 것은 말할 것도 없다.

여러 연구 결과가 보여주듯이, 이 모든 감정 이입 및 전염 현상은 신경세포를 기반으로 한다. 우리가 주의 깊게 본 다른 사람의 감정이나 행동은 이와 같이 우리가 동일한 행위를 하도록 이끌곤 한다. 맞은편에 앉아 있는 사람이 무심코 코를 긁적이거나 다리를 포개는 모습을 보게 되면 대부분 무의식적으로 따라 하게 되고, 나중에서야 그 사실을 깨닫는다. 우리가 일상에서 익숙하게 접하는 이러한 현상은 다음과 같은 과정의 결과다. 우리에게 도달된 다른 사람의 감정이나 행동에 대한 정보를 제공하는 신호가 우리 뇌에서 인식되고 해석된 다음, 우리 두뇌가 거울 반사 행동으로 응답한 것이다.[3]

한 인간에게서 흘러나와 다른 사람에게 공명을 일으키는 신호는 음성 및 문자 언어와 신체 언어를 모두 포함한다.

몸짓, 표정, 시선, 자세, 움직임 같은 신체 언어적 신호는 말 같은 음성 언어보다 타인의 감정에 대한 정보를 더 많이 제공한다. 공명이 일어날 때에는 대부분 음성 언어와 신체 언어가 동시에 작용한다. 그런데 둘이 엇갈리면 음성 언어보다 신체 언어가 더욱 강하게 작용한다. 다른 사람의 움직임을 관찰하면 관찰자의 두뇌에서는 행동 개시를 담당하는 신경세포가 공명을 일으키는데, 이를 거울 신경세포라고 한다.[4]

관찰 등을 통해 타인이 고통당하는 모습을 본 사람의 두뇌에서 활성화되는 통증 체계의 신경세포 또한 이를 발견한 윌리엄 허치슨William Hutchison에 의해[5] 거울 신경세포라고 불리었다.[6] 허치슨의 발견을 자체적인 연구를 통해 확인한 다른 학자들은 통증 체계 영역에서 거울 신경세포처럼 활동하는 이 신경세포를 '공유 신경망Shared Networks'이라고 칭하기로 했다(근본적으로는 동일한 의미다).[7] 이와 관련된 학계의 논쟁이 불필요하게 과열되는 것을 피하기 위해서, 피관찰자의 신경적 활성이 관찰자 두뇌에서 특유의 선택적 방식으로 거울처럼 반영된 모든 신경세포를 공명 신경세포라고 칭하는 편이 오히려 의미 있다고 나는 생각한다.[8]

신경공학적인 세부 사항과 명명법을 두고 벌이는 이런저런 논쟁보다 훨씬 중요한 것은 신경세포의 공명 현상이 인간의 공존과 공생에 어떤 의미가 있는가 하는 것이다. 누군가의 등장이나 행동이 다른 사람에게 강한 공명 반응을 일으키면, 이를테면 교사 한 명이 존재만으로 자기 학생들에게 활기를 돋우거나 의사 한 명이 긍정적 행위로 자기 환자들에게 희망을 전염시키면, 우리는 보통 이를 일컬어 카리스마나 아우라를 '발산'한다고 한다.

한편 다른 사람에게서 나오는 음성 언어나 신체 언어의 신호가 아주 약할 때도 직관적으로 공명하는 사람이 있는데, 우리는 그런 사람을 두고 감정 이입 능력이나 공감 능력이 뛰어나다고 말한다(감정 이입은 우리가 공감이라 칭하는 것의 일부라서 종종 같이 언급된다). 예를 들면 이런 것이다. 교사가 자기 학생의 행동이나 모습에서 집에 무슨 문제가 있다는 미묘한 변화를 감지하거나, 의사가 자기 환자의 몸짓 언어를 보면서 부끄러움 때문에 차마 드러내기 어려운 무언가가 심중에 있다는 것을 알아차리는 경우. 이들은 신경세포의 공명이 얼마나 놀랍고도 중요한 현상인지 확실하게 보여주는 사례다.

보통의 일상에서 이루어지는 관계 속에서 사람들은 언제나 두 가지, 그러니까 첫 번째 기타 줄과 두 번째 기타 줄, 발신자와 수신자, 발산하는 자와 공감하는 자가 된다. 우리는 끊임없이 하나의 역할에서 다른 역할로 옮겨가며, 때로는 두 역할을 동시에 맡기도 한다. 다른 사람이 내 인식의 지평에 나타나면, 그로 인해 내 안에 피할 수 없는 공명 반응이 일어난다. 공명 반응은 반사를 뛰어넘는 반응이다. 왜냐하면 고유의 지분과 함께 공명이 일어난 사람의 '표지Marking' 또는 '추가적인 평'이 포함되기 때문이다.

따라서 다른 누군가에게 공명한다는 것은, 이를테면 눈빛으로 응답하거나 몸짓으로 반응하거나 말로 답하는 것은 두 가지 의미를 지닌다. 먼저 공명으로 내가 상대방을 '인식'했음을 상대가 느끼게 하는 것이다. 다음으로 공명을 통해 내가 상대방을 '어떻게' 인식했는지를 암시하는, 나의 공명에 내가 덧붙인 '추가적인 평'을 (예컨대 평가하는 눈빛이나 열린 시선으로) 상대에게 건네는 것이다. 그러므로 타인이 우리에게 일으킨 공명은 '발신자'에게 되돌아가며, 이는 그가 어떤 사람인지에 대한 정보를 제공한다.[9] 여기서 일어날 수 있는 최악의 경우는 타인에게 부정적 공명을 받는 것이 아니라(비록 무척 고통스럽겠지만), 아무런 공명도 얻지 못하는 것이다. 말하자면 공기처럼 취급되는 것으로, 상대방이 나에게 할애할 시간이 없거나 나를 공명할 가치가 없는 사람처럼 여기는 것이다(이 둘은 보통 한꺼번에 일어난다).

이를 바탕으로 생각해보면 인간관계가 일어나는 공간에서 반사 및 공명 과정이 어떤 의미를 가지는지가 분명해진다. 즉 공명의 상호 교환은 인간관계의 본질을 이룬다. 공명은 마치 시계 안에 들어 있는 정밀한 톱니바퀴와도 같다. 동기 부여와 생의 활력에 중요한, 인간 사이의 애정과 사랑이 대체 무엇인지, 우리가 3장에서 논했던 질문을 다시 던지자면 이렇게 답할 수 있을 것이다. 우리가 서로에게 부여하는 호의적인 또는 다정한 공명이라고 말이다.

4장에서 말했던 공감의 인지적 층위가 몸이 서 있을 때처럼 지탱해주는 다리라면, 정서적 층위에 해당하는 상호 간의 공명은 움직일 때처럼 자유로이 활동하는 다리라고 할 수 있다. 애착 인물처럼 중요한 인사에게서 날아온 긍정적이거나 부정적인 평가는 자아 연결망의 두드러진 공명 반응으로 이어진다. 다시 말해 자신에게 의미 있는 사람에게 무시나 멸시를 받았다는 보고가 뇌에 들어오면 즉시 자아 연결망의 활성이 떨어진다. 반대로 높은 평가나 존중을 받았다는 보고는 즉각적인 자아 연결망의 활성화로 이어진다.[10]

다른 사람에게 '유익한' 공명으로 응답하려면 세심함, 직감, 적당한 순간과 적절한 정도를 아는 육감이 필요하다. 타인에게 연인이나 배우자처럼 중요한 누군가가 되려 하거나 그에 준하는 신뢰 관계를 형성하려 한다면(상담이나 진료, 의료 관련 직업에서 이는 필수적이다), 상대방과 공명하는 기술은 결정적인 도움을 줄지도 모른다.

물론 인간 사이의 반사 및 공명 반응은 비합리적으로 전개되거나 파괴적인 결과를 낳을 수도 있다. 그래서 그 자체로 '좋은' 것이라고 말하기는 어렵다(이 부분은 정서적 전염을 구체적으로 다루는 10장을 참고하자). 따라서 우리의 지성과 분별이 수반되어야 한다. 반사와 공명 반응은 우리 인간이 서로를 더욱 잘 이해하고, 긍정적 발산에 상호 전염되고, 사회적 공생을 견고히 만드는 데 도움이 되는 한 에우다이모니아의 일부이자 '좋은 삶'의 일부라 말할 수 있다.[11]

6장

공감의 서식지를
이루는 것들

공감은 선천적으로 타고나는 특성이 아니다. 하지만 이를 발달시킬 가능성은 타고난다. 인간의 공감 능력을 발달시키기 위해서는 무엇보다 생의 초기에 충분한 공감을 경험해야만 한다. 아이들을 공감 어린 자세로 대하는 것이 그 토대다.[1]

애정 어린 양육 없이 공감은 없다

인간이라는 종의 젖먹이는 감정을 느낄 수는 있지만 자아가 없는 상태로 세상에 태어난다. 갓난아기는 생애 첫 2년 사이에 처음으로 자기 인식을 한다. 아기가 태어날 무렵에는 인간의 자아 연결망이 자리를 잡는 전두엽의 신경세포 구조가 아직 완전히 발달하지 않은 데다 제대로 기능하지도 못한다.

다른 포유동물과 비교하면 인간은 출생 시기에 유달리 미숙하다. 그 이유는 지난 약 200만 년 동안 점점 증가한 머리둘레에 있다. 이는 인간의 출산 시기가 자연적으로 앞당겨지는 결과를 낳았다. 따라서 부인과적으로 적당한 시기인 임신 40주에 세상의 빛을 보는 인간의 젖먹이는 진화의 관점에서 보면 조산이라고 할 수 있다. 인간의 신생아는 운동·감각생리·인지적 발달이 다른 포유동물에 비하면 대략 2년 정도 뒤떨어진다. 따라서 인간의 젖먹이는 이 시기에 자기 주변 인물들과—보통 처음에는 어머니와—아주 특별한 방식으로 유대를 맺는다. 이러한 이유로 인간은 4장에서 설명했듯이 '나'와 '너', '자아'와 '중요한 타인' 같은 특별한 방식으로 결합하는 것이다. 인간이 지구상의 다른 종들보다 뛰어난 공감 능력을 지닌 생명체인 것도 이 때문이다.

젖먹이에게 아직 자아가 없더라도 주변의 애착 인물들은 아기와 관계를 맺을 수 있다. 즉 사회적 접촉을 맡아주는 담당자가 없더라도 어른들과 소통이 가능하다.[2] 아기 주변의 애착 인물들, 주로 어머니나 할머니 또는 조산사가 젖먹이와 어떻게 의사소통을 하는지 관찰해보면, 젖먹이와 애착 인물이 무의식적이자 직관적으로 계속 거울처럼 반영하며 아무런 의도 없이 서로를 아주 많이 모방한다는 것을 알 수 있다.[3]

의사소통은 앞에서 다뤘던 것처럼 신경세포의 공명 체계를 통해 일어난다. 이 체계는 출생 무렵에도 충분히 제 기능을 다한다. 인간의 젖먹이는 생이 막 시작된 초기에는 '내부'와 '외부', '자신'과 '자신이 아닌 것'을 아직 구별하지 못한다. 불분명하고 모호하며 자극이 넘쳐나는 혼란한 세계 속에서 이들은 젖가슴(혹은 이를 대체하는 무언가) 외에 눈 맞출 곳을 찾는다.[4] 애착 인물은 젖먹이의 생존 표시, 움직임, 자율 신경계 자극 수준, 음성 표현에 공명한다. 다시 말해 애착 인물은 갓난아기를 인식할 때 또는 직감적으로 모방할 때, 자기 고유의 시선으로 자신의 공명 반응에 무언가를 추가로, 이를테면 '표지'나 '평가'를 덧붙이게 된다.[5]

젖먹이가 애착 인물에게 일으킨 공명 반응은 아기에게 감지된다. 즉 갓난아기를 돌보며 애착 인물이 보인 반응은 다시 아기에게 돌아간다는 뜻이다. 이 전체 '놀이'는 양방향의 과정이다. 젖먹이 또한 공명한다. 자신이 감지한 것을 제한된 능력 안에서 모방한다. 이를테면 자기 눈에 과장되어 보이는 표정을 따라 하면서 말이다. 아기는 들은 것에 대해서도 공명으로 응답한다. 울음소리를 들으면 젖먹이는 즉시 같은 소리로 화답한다. 아무것도 부족하지 않더라도 울음으로 답한다.

젖먹이가, 그리고 나중에는 어린아이가 자기 애착 인물에게 일으키고 또 자신에게 되돌아온 공명은 아이에게 (직감적으로 알 수 있는) 근본적인 정보를 제공한다. 하나는 아이의 편인 '누군가가 존재한다는 것'이며, 다른 하나는 아이가 '누구인지'에 관한 것이다. 세심하고 다정한 공명은 아이에게 그가 이 세상에서 환영받고 있으며 다른 사람에게 기쁨이 된다는 신호를 건넨다. 반대로 애착 인물이 끊임없이 내는 성급한 어조나 신경질적인 탄식 또는 더 나아가 불평 가득한 목소리는 자기 주변 인물이 부담을 느끼고 스트레스에 시달리고 있다는 걸 아이가 감지하게 만든다. 그러면 아이는 주의를 끌고 자기 욕구를 알리는 것이 무의미하거나 역효과를 가져온다고 느끼게 된다.[6]

이렇게 되돌아온 공명으로 얻은 정보(그의 편이 존재한다는 것, 그리고 그가 누구인지)는 아이 안에 저장되며 어린 자아의 중심을 이룬다. 이 자아의 신경세포 상관자는 아이의 전두엽에서 생애 첫 2년간 자리 잡기 시작한다. 아이에게 일어난 공명의 전반적인 방향성에 따라 인격이 발달한다. 자기가 사랑받고 있으며 또 그럴 자격이 있다고 여기는 인격, 아니면 사랑받을 가치가 없다고 느끼는 인격으로 말이다. 더하여 아이에게 저장된 공감의 경험은 후에 아이가 다른 사람에게 직접 감정 이입을 하고 또 타인에게 공감할 수 있는지의 여부를 결정하는 내면의 틀로 작용한다.

태어나서 2~3년이 흐르는 동안 생의 첫 자아가 아이 안에서 자리를 잡는다. 출생 무렵에는 미숙한 상태였던 전두엽은 그사이 충분히 발달한다. 이제 두뇌에선 언어 습득 과정이 일어나며, 아이는 "아니"라고 말할 수 있는 능력을 얻게 된다. 이제 아이는 주변 애착 인물들에게 자기 정체성을 표현할 수 있다.

아이에게 전해지는 공명은 전 아동기를 넘어 청소년기에 이르기까지 계속해서 아주 중요하다. 생후 3년부터 아이는 타인과의 관계 및 협동의 의미를 이해할 수 있는데, 이때

다정하면서도 단호하게 올바른 길로 안내해야 한다. 아이의 공공심이 발달하도록, 주변 사람의 관점을 고려하도록, 그 중에서도 특히 같이 노는 또래 친구의 관점을 고려하도록, 즉 기다리고 나누도록, 자기 충동을 억제하도록 가르쳐야 한다. 말하자면 원활한 사회적 관계를 맺는 데 필수적인 것들을 알려주어야 한다.

그렇다고 엄격한 조치를 취할 필요는 없다. 그저 꾸준히 인내하면서 제재하는 이유를 친절하게 설명해주면 된다. 어른이 아이에게 준수하라고 가르치는 규칙은 아이의 두뇌에서 전두엽 아래층 상부에 있는, 자아 연결망의 이른바 위층을 이루는 신경 연결망이 발달하도록 이끈다. 이 위층에 있는 연결망의 기능은 내면에 자기 관찰자를 세우고, 자신의 충동을 전반적으로 억제하는 능력을 정착시키는 것이다. 즉 원만한 공동체 생활에 필수적인 기능을 내부에 설치하는 작업이라고 할 수 있다.

아이의 공감 능력은 직접 공감을 해보는 것으로만 발달된다. 이는 단순한 공감이 아닌, 아무 조건 없이 확고히 유지되는 깊은 신뢰 관계 속에서 경험한 감정 이입이어야 한다. '확실한 애착' 관계가 없으면 아이는 지속적인 불안과

걱정 속에 살게 되며, 이런 경우 아이는 공감 능력을 제대로 발달시키기가 너무나 어렵다.[7]

자신이 태어난 가정 안에서 사랑이 넘치는 지원과 보호를 받으며 자라난 아이들은 이런 부분에서 결핍이 있는 아이들에 비해 두뇌 발달이 두드러진다. 무엇보다 회백질의 부피가 훨씬 크다.[8] 반면 가혹한 체벌이 동반된 엄격한 훈육을 받으며 자라난 아이들은 정신적 장애를 겪을 뿐만 아니라, 전두엽의 대사 물질이 줄어들며 두뇌에서 불안과 공포를 담당하는 영역에 변화가 생긴다.[9]

아이를 교육하는 방식은 인류학적으로 정해진 것이 아니며, 시대와 문화에 따라 달라지곤 했다. 그렇지만 다른 건 몰라도 한 가지는 확실하다. 우리가 지금껏 지속해온, 특히 종교적 근본주의가 깔린 가정에서 여전히 흔하게 행해지는 아이를 향한 엄격한 훈육과 체벌은 이제 중단되어야 한다는 것을.[10] 아이들의 각기 다른 뇌 구조가 그 이유를 말해준다. 아동 및 청소년들은 인간애로, 다시 말해 관심과 애정이 가득한 교육으로 '이루어지는' 존재다.

아이들에게 놀이를 허락해야 하는 이유

아이들의 공감 발달을 촉진하는 데 있어 확실한 유대와 공감 어린 돌봄 외에 무엇이 필요할까? 부모와 교사가 이 외에 무엇을 할 수 있을까? 디지털 장난감이 넘쳐나는 오늘날 아이들의 공감 발달을 촉진하는 데 가장 간단하면서도 동시에 제일 효과적인 방식은 바로 아이다운 놀이를 하게 하는 것이다.[11] 또래들과 서로 어울려 자연스레 놀도록 하는 것이다. 이는 아이가 아이다움을 누릴 수 있는 최선의 방법이다.

여섯 살 이하의 아이들이 또래 친구들과 직접 어울려 놀이를 할 때는 부모나 교사 등의 애착 인물이 곁에 머물며 틈틈이 지도를 해야 한다. 소꿉놀이 같은 역할 놀이는 특히 아이의 사회성을 발달시키며 판타지를 자극한다. 아이가 스스로 하나의 역할에 빠져들든, 아니면 아이에게 한 역할을 맡기든 상관없이 말이다. 이때 아이는 어떤 형식에도 구애받지 않으면서 자유롭게 많은 기회를 얻게 된다. 즉 역할 놀이는 상대가 어떤 상황에 처해 있으며 어떤 감정을 느끼는지, 다른 사람의 관점을 겪어보고 느껴보고 탐색해보는 기회를 아이에게 무제한으로 제공한다. 놀이는 아이다운 공감 훈련에 제격이다.[12] 이와 관련된 여러 신경생물학적 연구에 따르면, 아이다운 놀이를 행할 때 공감에 관여하는 뇌의 영역이 활성화된다고 한다.[13]

아이들의 공감 능력을 높이기 위해 부모와 교사가 할 수 있는 또 다른 방법으로는 책 읽어주기가 있다. 아이에게 책을 읽어주는 것은 공감의 주요 요소인 사회적 상상력을 자극하고 키우는 데 도움이 된다.[14] 만약 아이들에게 정해진 운명이 있다면, 훈육과 체벌이 아닌 사랑과 관심을 받으며 자라나기로 결정되어 있다면, 이 예정된 약속을 지킬 수 있는 가장 훌륭한 두 가지 방법은 또래 친구들과 놀이하기 그리고 책 읽어주기일 것이다.

교육이 '좋은 삶'에 미치는 영향

교육에 관심이 많은 나는 다수의 의료계 동료들과 함께 여러 연구 프로젝트에 몸담고 있다. 내가 지난 20여 년간 과학자 및 의사로서 연구 활동 외에 진행한 교육 관련 프로젝

트는 아이들의 학습과 성공적인 학업 성취에 있어 인간관계가 지닌 어마어마한 의미를 깨닫게 해주었다.[15]

자신을 향한 주의와 관심, 우호적인 시선을 어디에서도 경험하지 못한 아동 또는 청소년의 경우는 제대로 꽃을 피우지도 못하고, 내면에 심어져 있는 지적 욕구도 충분히 펼치지 못한다. 부모 및 교사와의 '교육적인' 관계가 형성되어 있지 않으면 온전한 교육은 이루어지지 않는다. 흥미롭게도 내가 아는 정치인과 교육 정책가, 문화계 공무원 등 스스로 부족함 없는 교육을 누렸다 자부하는 사람들은 모두 예외 없이 그들을 적극 지원하는 부모 및 훌륭한 멘토 또는 교사가 있었고, 그런 인물들이 본인들이 걸어온 길에 핵심적인 역할을 했다고 전했다.[16]

묘하게도 이들이 다른 사람을 위한 교육 정책을 계획할 때에는 이러한 관점이 잘 보이지 않는다. 마치 시력에는 문제가 없으나 대상을 알아보지 못하는 시각 실인증Visual agnosia 에 걸린 듯, 오늘날의 교육 관련 정치가 및 정책가들은 다른 무엇보다 흔히 커리큘럼이라 부르는 교과 과정의 편성과 교육 체계의 지속적인 구조 변경에만 몰두한다.

우리의 교육 체계가 처한 진정한 불행은 그 자체나 교육

내용에 있는 것이 아니다. 물론 이 또한 개선할 부분이 있고 보다 개선되어야 하겠지만, 그보다는 교육적인 관계의 의미를 무시하는 데 있다. 우리 서구권 국가에 사는 아동 및 청소년들은 대부분 물질적으로 충분한 지원을 받으며 성장한다. 반면 아이를 북돋우고 자극하는 인간적인 애정과 관심은 부족하다. 새들은 노래하며 동종의 다른 새가 공명하기를 기다린다. 맞울림이 돌아오면 이들은 노랫소리를 더 크게 높인다. 아무것도 되돌아오지 않으면 새들은 노래를 멈추거나 멀리 날아가 버린다.

인간의 모든 행동은 무의식적으로 공명을 찾는 행위다. 아이들은 각자 지극히 다른 행위를 드러낸다. 방어적이거나 공격적인 행동 또한 무의식적인 호소인 경우가 빈번하다. 반응이 돌아오지 않는 세계는 우리를 무감각하게 또는 우울하게 만들며 공격적인 성향을 키운다. 그러면 결국 중독될 만한 것을 찾아서 의지하게 될 수도 있다. 아동과 청소년들은 자신의 행위에 대해 아무런 공명도 받지 못하면 몸을 돌리고 만다. 그렇게 공명이 결핍된 틈 사이로 소셜 미디어나 그 외에 인터넷 세계가 제공하는 다른 무언가가 밀려들어온다.[17] 이 틈이 더 이상 벌어지지 않으려면 좋은 관계에 초점을 맞추는 학교와 (부모가 있는) 집이 필요하다. 교육자는 이에 알맞은 훈련과 교육을 받은 사람이어야 하고, 학급의 규모 혹은 학습 집단의 크기는 대략 25명을 넘지 말아야 한다. 그래야 우리가 바라는 바를 이룰 수 있다.

관계에 초점을 맞추는 교육이라고 해서 "오냐오냐" 하는 것을 뜻하진 않는다. 관계 지향적인 교육은 공감과 자연스러운 권위, 두 가지를 모두 포함한다. 학교 차원에서 말하는 공감은 아동과 청소년들의 인격에 초점을 맞춘다는 뜻이다. 아이들의 관점을 고려하며 그들을 (시각적 의미를 넘어서서 깊이) '바라보는' 것이다. '자연스러운 권위'는 이스라엘의 교육학자인 하임 오메르Haim Omer가 창안한 개념으로, 그는 아이들과 규칙을 넘어 대화하는 일의 필요성을 설명하면서 공동 학습 없이는 아이들이 세상을 제대로 탐구하고 세상에 몸담으며 일하는 것이 불가능하다고 주장한다.

자연스러운 권위는 엄격한 조치를 필요로 하지 않으며, 다른 무엇보다 교사들 사이의 그리고 부모와 교육자 사이의 긴밀한 상호 협력을 요한다. 오늘날 이들 사이에는 협력이 거의 존재하지 않는다. 강도 높은 수업과 수직적 분위기 속에서 학생들과 협력하기 힘들어지면서 교사와 학생 사이는 점점 더 사이가 벌어질 위험에 처해 있으며, 이는 다루기 어려운 학생들의 수를 늘리고 있다. 교사들 또한 그들 사이의 벌어진 틈을 계속해서 넓히며 더 이상 어떠한 협력도 이루어지지 않을 정도로 서로를 멀어지게 만들고 있다. 교사와 학부모 사이의 협력도 마찬가지다. 날마다 부모가 자기 아이를 학교로부터 지킬 기회를 엿보며 벼르고 있다는 느낌을 받는 아이들은 교사에 대한 아주 작은(그리고 너무도 당연한) 실망조차 모두 집에다 고해바친다. 종종 부모들 사이도 벌어지곤 하는데, 이는 양측 부모가 반목하게 되는 끔찍한 길로 아이를 불러들이는 계기가 된다. 이래서는 자연스러운 권위가 작동하지 않는다. 벌어진 줄 위를 지나가야 하는 아이는 결국 떨어지게 마련이다.

아이들이 학교에서 무사히 살아남을 수 있는 유일한 방법은 관련된 모든 당사자들 사이에 좋은 관계가 형성되고 또 유지되는 것이다. 인종과 종교가 다양한 학생들이 모인 학교의 경우 이것이 가장 어려운 숙제다. 오늘날 우리 사회에서 교사란 힘든 직종 중 하나다. 지금 우리는 인간관계에 탁월한 자질을 갖춘 교육자가 절실히 필요하다. 특히 이주민 가정 출신의 다양한 인종의 교사가 보다 많아져야 한다.

지금 우리 사회에는 자신이 몸담고 있는 교사란 직업이 과거와는 다르게 지식 전달자 이상이라는 사실을 분명히 이해하고 있는 교사가 필요하다.

우리는 보다 많은 학교심리학자가 필요하다. 자기 연구실에 내내 머물며 문제가 있는 아이들을 줄이기 위한 심리학 연구에 매진하는 학자가 아닌, 교실로 들어가 그곳에서 벌어지는 일들을 함께하며 교사를 도와주고 어려운 상황을 수월하게 다룰 수 있는 실행자이어야 한다. 우리는 더 많은 학교사회복지사가 필요하다. 어려움에 처한 가정을 찾아내고 방문하며, 아동 및 청소년들이 학교에서 내쳐지지 않도록 막아내는 조력자들이 더 있어야 한다. 학내에서 벌어진 무자비한 살상 사건의 대다수는 이전 학교에서 내쳐진 학생 범죄자들에 의해 발생하곤 한다(범행 장소 또한 대부분 그가 퇴학이나 정학을 당한 학교다).[18] 이는 3장에서 다룬 사회신경과학을 떠올리게 한다. 소외는 통증 체계를 활성화시키며, 고통은 공격성을 높인다고 말하지 않았던가.

교사라는 직업은 의사와 비슷하다. 물론 전문 지식도 중요하지만, 좋은 교사 또는 좋은 의사가 되려면 지식만으로는 충분하지 않다. 의사들 중에도 의사소통에 매우 탁월한 자질을 보이는 이들이 있다. 이를테면 날벼락 같은 진단 결과를 환자에게 고지해야 할 때와 같은. 하지만 안타깝게도 학생들과의 관계에서 직감이 부족해 아이들이 어려운 상황에 처한 걸 알아채는 능력이 부족한 교사들이 있다. 이러한 교사들 중에는 원래 대학에서 언어나 문학, 생물학, 화학 같은 기초 학문 전공자가 되려다가 차선책으로 교사가 된 케이스가 종종 있다. 이런 교육자는 심하게 말해서 학교에 아무런 도움이 안 된다. 교사가 되고 싶은 사람은 아동 및 청소년들을 진심으로 좋아해야 한다. 사람을 좋아하지 않는 의사는 실험실이나 병리학 연구소에 머물러야지 환자들과 접촉하며 자기 생을 보내서는 안 된다. 유감스럽게도 우리의 교육 기관들은 학생과 함께, 또는 환자와 함께 있기에 적합하지 않은, 아니면 충분한 훈련 및 교육이 이루어지지 않은 교사와 의사를 대거 배출하고 있다.

독일의 학교는 수년 전부터 한계에 다다랐다. 배우는 사람과 가르치는 사람 사이의 관계 형성 실패는 부족한 학습 성취와 교사의 악화된 건강에 가장 결정적 영향을 미치는 요소가 되었다.[19] 많은 사람이 오늘날 학교 폭력이 증가했다는 사실을 시인하는 동시에 공감적으로 관계를 맺는 능력이 대체로 떨어졌다는 인상을 받고 있다.[20] 이를 바탕으로 나는 독일 연방산업안전보건연구소Bundesanstalt für Arbeitsschutz und Arbeitsmedizin, BAuA의 지원을 받아 교사들을 위한 코칭 프로그램인 '프라이부르크 모델Freiburger Modell'을 개발했다. 신경과학에 기초한 매뉴얼을 갖춘 프라이부르크 모델은 초·중·고등학교에 몸담은 교육자들을 위한 일종의 훈련 프로그램이다.[21] 이 프라이부르크 모델은 교사를 위한 수많은 프로그램 가운데 객관적 실험을 거쳐 효과가 입증된 몇 안 되는 그룹 코칭 프로그램에 속한다. 바덴-뷔르템베르크 주정부에서는 수년 전부터 모든 학교 교사들에게 이 프로그램을 제공하고 있으며, 베를린을 포함해 독일 전 지역에서도 활용하고 있다. 그 외 폴란드와 이탈리아, 스위스, 오스트리아 등에서도 이 프로그램에 대한 관심을 보이고 있다.

공감은 우리가 보통 책에서 배움을 얻는 것처럼 학습할 수 없다.[22] 내가 개발한 프로그램은 교사들이 자신의 직업을 관계적 관점에서 보다 민감하게 인식하도록 만드는 데 목적이 있다. 더불어 교사라는 직업의 세계에서 어려운 상황에 처했을 때 함께 고민하고 대화를 나누며, 교사들의 정신적 부담을 덜어주고 상황을 다시 회복시키고자 하는 목적도 있다.

　학교에서 공감 능력 향상을 위해 지원할 수 있는 방법에는 뭐가 있을까. 이런 질문에는 전형적으로 강조하는 것들을 떠올리면 된다. 재정을 절약해야 하는 경우 흔히 스포츠나 음악, 연극, 미술 분야의 예산을 삭감하곤 하는데 운동, 음악, 연극, 문학과 관련된 활동은 그 무엇보다 공감 능력을 크게 향상시킨다. 스포츠를 하는 사람들은 타인과 관계를 잘 맺고 규칙을 준수하며, 타인을 격려하고 갈등을 잘 다루며, 존중과 공평을 지키고 타인을 신뢰하며, 공감적으로 행동하는 방법을 배운다.[23] 음악(노래를 포함해서)을 할 때도 서로 간의 조절, 조율, 동기화, 관점의 전환은 반드시 필요한 요소들이다. 물론 연습은 자유롭게 할 수 있다.[24]

　학교에서 지원하는 연극 활동이 아이들의 잠재된 공감 능력을 발달시킨다는 사실은 바로 확인이 될 정도다. 무대 위에 서는 배우 역할의 학생들뿐만 아니라 공연에 참여하는 모든 학생들에게 해당되는 사항이다.[25] 다양한 사회적 프로젝트 또한 공감의 증대라는 결과로 이어진다.[26] 문학과 관련된 활동도 공감 능력을 강화시킨다.[27] 이에 덧붙여 말하자면, 나는 앞서 언급한 철학자 마르쿠스 가브리엘처럼 오늘

날 학교에 종교 수업과 완전히 무관한 철학 및 윤리 수업이
의무적으로 도입되어야 한다고 생각한다.

문화적 삶 없이 '좋은 삶'은 없다

나의 프라이부르크대학교 동료이기도 한 경제심리학 교
수 안야 괴리츠Anja Göritz 는 얼마 전 연구를 하나 진행했는데,
이를 통해 그는 문화생활과 문화적 경험이 인간 사이의 연
대를 공고히 한다는 사실을 확실하게 보여주었다.[28] 괴리츠
교수와 그의 연구팀은 젊은 성인 남녀에게 스티븐 스필버
그의 영화 〈쉰들러 리스트Schindler's List〉 중에 슬프고 감동적인
부분을 편집한 짧은 영상을 시청하게 했다.[29] 실험 대상자의
절반은 소규모로 나눠 단 하나의 공동 모니터로, 나머지 절
반은 같은 공간에 있되 각자 지급된 모니터로 시청하도록
했다. 그런 다음 참가자들이 소속감과 연대감을 느끼는지,
같이 시청한 다른 참가자들과 얼마나 인간적으로 친밀한
감정을 느끼는지 조사했다. 이를 위해서 과학적으로 입증된
여러 설문 도구가 투입되었다.[30]

그 결과, 실험 참가자들 모두 영화 편집본을 시청하고 나서 하나같이 슬퍼했다. 즉 영화를 지급된 개인 모니터로 혼자서 보았던, 공동의 모니터로 여러 사람과 같이 보았던 간에 상관없이 모두 슬픈 정서를 느꼈다. 그렇지만 소속감과 연대감, 타인에 대한 인간적 친밀감에 대한 상승 정도는 다르게 나타났다. 다른 사람과 함께 공동의 모니터로 본 사람들에게서만 소속감과 연대감, 타인에 대한 인간적 친밀감이 높게 나타났다. 홀로 감상한 참가자의 경우 심지어 정반대의 효과가 나타나기도 했다.[31]

문화적 활동과 문화적 경험의 핵심은 인간의 창의적인 자기표현이 무한히 가능하도록 (공동으로) 기여한다는 점이다. 문화와 문화 경험 그리고 문화 행사는 공감의 심실이자 인간의 욕망에서 비롯된 것으로, 제3의 무언가(음악, 춤, 연극, 영화, 문학, 그림, 다른 예술 작품 등)를 넘어 인간을 서로 연대하게 한다. 인간 사이의 공감은 앞서 설명했듯이 직관적 공명과 의식적 사고를 통해 상대방의 관점에 대한 자신의 인상을 드러내게 한다.

문화적 경험은 두 방향에서 공감적 관계를 일으킨다. 하나는 예술 작품과 작품 속에 숨은 예술가의 입장에서, 다른 하나는 예술 작품을 마주한 누군가(나 자신)의 입장에서. 문화는 그 자체가 목적이 아니다. 관계와 관련된 하나의 사건이지만, 이러한 측면은 보통 가려져 있다. 누군가 집에서 혼자 음악을 들을 때, 홀로 춤을 출 때, 혼자 미술관을 찾거나 홀로 낯선 도시에서 열리는 문화 행사를 참관할 때, 이와 연계된 관계적 사건은 눈에 띄지 않는다. 왜냐하면 그 경험이 개인의 기억이나 환상 속으로 옮겨가기 때문이다.

안야 괴리츠의 연구는 문화적 산물을 물리적으로 공동 경험하는 것이 얼마나 중요한지를 강조한다. 다른 연구들 또한 이를 뒷받침한다.[32] 함께 어울려 연주회를 열거나 연극을 상연하거나 무용 행사를 벌이거나, 다른 사람과 같이 영화를 보는 등의 동시적 경험은 인터넷에서는 전혀 존재하지 않는 양식이다. 서로 신체적으로 어울려 함께 경험한 상황은 신경망의 대인간 동기화라는 결과로 이어진다.[33] 물론 인간 사이의 연대는 문화적 사건을 맨 처음 홀로(또는 어떤 집단의 인물과) 경험한 사람이, 추후 이 경험을 다른 사람(또는 다른 집단의 인물)과 교류할 때에도 생겨난다. 그리고 이 교류를 통해 동기화가 일어난다. 이는 우리 인간이 스스로 경험한 것을 이야기하는 데에서 그치지 않고 사진이나 영상 같은 시각 자료로 공유하려는 욕구의 원인을 설명해준다. 이미지화된 자료는 동시적 경험을 가능하게 하며, 이를 통해 연대가 발생하기 때문이다.

코로나19로 인한 상황이 보여주듯이 문화생활은 특히 정치권에서 매우 다른 평가를 받고 있다.[34] 수많은 학술적 연구는 문화가 인간에게, 그리고 사회적 공동의 삶에 미치는 축복에 가까운 이로운 효과를 충분히 입증해 보이고 있다. 여러 실증 연구에 의하면, 예술 전 분야에서 경험하는 모든 종류의 문화생활은 인간에게 내재된 친사회적이고 공감적인 능력을 크게 발달시킨다고 한다. 이는 예술을 창조하는 사람들뿐만 아니라 예술과 문화를 그저 단순히 누리는 사람들에게도 해당된다.[35]

다른 사람들과 함께 음악을 즐기면 강한 연대감과 소속감이 생겨나며, 상호 간의 공감 또한 불러일으킬 수 있다.[36] 많은 이들이 음악으로 다른 사람이 느낀 외로움을 그대로 경험한다.[37] 음악은 우리 두뇌에서 타인과의 사회적 상호 작용과 관련된 거의 모든 신경세포 영역을 활성화시킨다.[38] 음악은 인종적·국가적·종교적 경계를 극복한다. 낯선 문화의 노래나 선율은 아무 편견 없는 사람들에게 그 문화에 대한 호의적 견해를 가지도록 하며, 해당 문화에 대한 호감을 품게 만든다.[39] 함께 연주하는 음악가들의 경우, 공감이 다양한 측면에서 발휘된다. 즉 공동의 뜻과 상호 관심, 그리고 동기화에 익숙하며, 다른 사람이 다음 순간에 무엇을 하게 될지에 관한 직관적 예측 능력이 강하다.[40] 심지어 음악은 원수 간에도 다리를 놓는다. 국제 정치에서 초미의 관심사 중 하나인 중동 지역에 음악이 평화를 가져오는 데 일조했다는 사실은 이미 예전에 입증된 바 있다.[41]

교육과 문화는 평화를 위한 동맹국

불안, 편견, 고정관념, 여성 혐오, 인종주의, 국가주의 등을 타파할 수 있는 가장 강력한 무기는 바로 교육과 문화다. 이들 중 하나가 다른 하나를 대체할 수는 없다. 다시 말해 교육이 문화를, 문화가 교육을 대체할 수 없다는 뜻이다. 우리 인간은 뛰어난 이성과 풍부한 감성, 두 가지 모두를 갖추고 있다. 성공적인, 에우다이모니아적인 '좋은 삶'의 가장 중요한 특징 중 하나는 이성과 감성이 함께 작용하고, 서로를 강화하며, 원만한 사회적 공존을 위해 활발히 이바지는 것이다.

하지만 불안과 공포로 인해 감성이 혼란에 빠지고 길을 잃으면 이성을 일시적으로 마비시킬 가능성도 있다. 이는 인류 역사를 통해 충분히 증명된 사실이다. 철학자 마르쿠스 가브리엘이 요구한 것처럼 우리가 '새로운 계몽'을 궤도 위에 올리려면, 우선 교육과 지식이 문을 여는 역할을 해줘야 한다. 교육과 지식 없이는 '인간이 스스로 자초한 미성숙에서 벗어날 출구'는 주어지지 않는다.[42]

그러나 마르쿠스 가브리엘의 글에서도, 임마누엘 칸트의 말에서도, 안드레아스 레크비츠Andreas Reckwitz 같은 사회학자의 분석[43]에서도 어떻게 인간의 정서적 욕구가 인간답고도 사회적으로 평화로운 세계로 향하는 길을 찾게 하는지에 대해서는 거의 다루지 않는다. 스스로 자초한 미성숙에서 우리 인간이 벗어날 출구로는 새로운 계몽 외에도 다른 두 번째 길이 있다. 즉 풍부하고 다채로운 문화적 삶이다.

7장

자연에 대한 공감과
'좋은 삶'

인간은 공감적 관계를 맺지 못한 대상은 결국 보호하지 않는다. 이러한 원칙은 부부나 연인, 부모와 자식, 교사와 학생, 환자와 의사 사이에만 해당되지 않는다. 인간과 자연 사이에서도 입증된 사실이다. 인간과 자연 사이는 누가 봐도 분명 금이 갔다. 이는 우리 인간이 왜 기후 변화에 맞서 아무런 조치도 취하지 않았는지를 설명해준다. 지난 수십여 년 전부터 기후 변화와 관련된 실상과 수치가 널리 알려졌는데도, 예전부터 예측된 기후 재난을 수없이 겪어 왔는데도 말이다.

자연과의 관계는 우리 인간이 무엇보다 중요하게 여겨야 한다. 자연은 인간의 건강에 가장 크게 이바지한다.[1] 우리는 자연이 주는 수만 가지의 약초들 덕을 보고 있다. 무수히 많은 약제들은 자연에서 영감을 받아 발전시킨 산물이다. 야생의 자연 속에 머무르든, 아니면 도시에서 초록이 무성한 곳에 둘러싸이든 간에 자연은 인간의 신체적 건강[2]과 정신적 건강[3]에 중대한 영향을 미친다. 초록을 그저 바라보기만 해도, 새들이 지저귀는 소리를 듣기만 해도 인간의 정신 건강에 효과가 있다는 사실은 이미 여러 차례 입증되었다.[4] 인간과 자연의 관계가 보다 개선되는 것은 인간들 사이에도 좋은 영향을 미친다. 여러 연구 결과가 보여주듯이 자연과 공감적 관계를 맺은 사람들은 인간관계에서의 공감도 높은 수준을 나타낸다. 반대의 경우도 마찬가지다.[5]

자연을 향한 공감적 태도를 되찾는 것은 단순히 생태계의 지혜를 끊임없이 반복하거나 무슨 좋은 감정을 주문처럼 외운다고 되는 것이 아니다. 우리는 자연과 공감하는 길을 새로 낼 수 있다. 우리의 생활양식을 친환경적으로 만들면서 말이다.

우리 삶의 방식을 바꾸는 일은 두 가지 측면에서 중요한 의미가 있다. 즉 환경 친화적으로 삶의 방식을 전환하는 것으로 우리는 자연 파괴와 기후 변화에 대응해 싸울 수 있을

뿐만 아니라 우리 스스로에게도 크게 이바지하게 된다. 자연과 공감하는 태도는 우리의 질병 위험과 사망률을 줄여 주기 때문이다. 여기서 말하는 전환은 우리의 식습관 및 이동에 관한 행동 양식을 개선한다는 뜻이다.

할 수 있는 것보다 더 많이 움직이면 심혈관 및 암 질환에 위험이 되는 요소들이 크게 감소한다. 자가용에서 자전거로 이동 수단을 바꾼 사람은 이산화탄소 같은 온실가스 감축에 기여할 뿐만 아니라 자신이 20년 안에 사망할 위험도 20퍼센트까지 줄일 수 있다.[6] 육식을 줄이거나 아예 육식을 하지 않는 식습관으로 바꾼 사람은 지구상에서 대규모로 이루어지는 숲 개간에 제동을 걸 뿐만 아니라[7] 자신의 심혈관 및 암 질환의 위험을 감소시키며 소중한 수명 또한 연장할 수 있다.[8]

오늘날 생태계 상황은 앞으로 몇 년 안에 기후 보호를 위한 톱다운 방식의 단호한 규제를 시행해야 할 정도로 위태롭다. 머지않아 우리는 자가용과 비행기 운행에 제한—무엇보다 연료비와 항공료 상승으로 인한—을 받게 되고, 환경을 해치는 것은 물론 동물 윤리적으로 받아들일 수 없는 방식으로 생산되었던 식용육의 가격은 올라가며, 폐기물 배출 규제 및 물 소비 제한에 이르는 보다 엄격한 조치를 맞닥뜨리게 될 것이다.

그렇다면 우리의 행동 양식은 달라질 것이다. 엄밀하게 따지면 달라질 수밖에 없다. 삶의 조건이 상의하달 식으로 강요되기 때문이다. 이는 우리가 말하는 의미 지향적인, 에우다이모니아적인 '좋은 삶'과 조응하지 않는다. 의미 지향적으로 산다는 것은 자발적으로, 그러니까 상의하달식이 아닌 하의상달 식으로, 우리의 이성에 근거해 옳다고 여겨진 것을 행하는 삶이기 때문이다.[9] 이는 계몽의 뜻과 맥락을 같이할지 모른다. 그러나 자기 삶의 방식을 친환경적으로 바꾸고자 끊임없이 동기를 부여하는 내면의 모멘텀은 이성 하나만으로는 부족하다. 여기에 더해 자연을 공감의 비오토프(Biotope, 다양한 생물종의 공동 서식 장소)로 만들어야 비로소 우리 안에 자발적으로 변화하려는 동력이 생겨난다.

8장

병에 걸려도
'좋은 삶'이 가능할까

7장에서 살펴보았듯이 오늘날 우리는 자연과 소원해지면서 여러 가지 어려움에 처해 있다. 어디 자연뿐일까. 우리는 자신의 인격, 자기 자아와도 멀어져 있다. 오늘날 우리에게는 내면의 평온을 찾고 온전히 자기 자신이 되는 일이 아주 드물게 일어난다. 아마 많이들 실감할 것이다. 이러한 자기 소외가 발생하는 이유는 다양하다. 그중 빈번하고도 가장 납득이 가는 이유가 하나 있다. 바로 스스로를 사랑받을 만하다고 느끼지 못하는 경우다. 이럴 때 자기 소외가 발생한다. 이 같은 감정은 대부분 인생을 한참 거슬러 올라가서 초기 아동기에 우리가 처한 주변 상황에서 유래한다.

자기 소외가 발생하는 또 다른 이유로는 사는 내내 우리에게 영향을 미치는 주변 상황을 들 수 있다. 우리가 살면서 맞닥뜨린 모든 일들이 우리가 원해서 벌어진 것은 아니다. 거절이나 운명의 장난, 사회적 불이익과 차별, 무겁게 부과된 부담과 의무 등이 원치 않게 우리 삶 안으로 밀려들어와 이건 내 삶이 아니라고 느끼게끔 만든다.[1] 때때로 사람들은 자신을 극도로 제한하는 관계에 얽매이기도 하며, 이로부터 빠져나오길 무척이나 힘겨워한다. 이 같은 상황 속에 처한 이들은 내 삶을 산다는 감정을 느끼지 못하며, 어떻게든 생을 견뎌내려고 종종 건강에 해로운 생활 방식으로 숨어들곤 한다. 건강하지 않은 음식, 고지방 식품, 당 높은 과자, 알코올, 담배, 대마초 혹은 그 밖의 다른 중독성 약물에 발을 들인다. 이는 '레이더망 바깥을 날아다니는' 만성 염증과 질병을 발생시키는 유전자 활동 패턴을 불러일으킨다.

문명은 모든 인간에게 일정 정도의 자기 소외를 짊어지게 한다. 하지만 이처럼 삶의 전반에 자기 소외라는 짐이 무겁게 내려앉으면 문제가 된다. 우리가 녹색 지대에 머물든 아니든 간에 모든 인간은 스스로 느낀다. 즉 인간은 자기 삶을 사랑할 수 있어야 한다고, 삶은 (주어진 제약과 한계에도) 우리에게 즐거움을 안겨야 한다고 말이다. 주변과 내면이

더 이상 안전지대가 아닌 경우, 그곳은 적색 지대로 변하기 시작하며 인간은 자신의 자아를 자기 집이라 여기지 않게 된다. 이렇게 되면 에우다이모니아 같은 의미 지향적인 '좋은 삶'으로 가는 길은 막히고 만다.

자기 삶이 아닌 것을 사는 일은 의미 지향적일 수 없으며, 건강에 유익한 유전자 패턴을 불러내지도, 위험 유전자 활동 패턴을 낮추지도 못한다. 즉 '레이더망 밖에서 날아다니는' 만성 염증을 일으킬 수 있다는 뜻이다. 그러면 심혈관 및 암 질환, 치매의 위험이 중장기적으로 높아진다. 당연히 모든 질병은 언제나 다수의 요인들이 각자 맡은 역할을 수행하며 작용한다. 그리고 우리는 이들의 작용을 모두 통제할 수는 없다.

세상에 누구도 자기 질병을 책임질 수 없다. 일단 병에 걸렸다면 맞서야 하며, 이에 중요한 것은 병의 진단을 기회라고 여기는 열린 자세다. 인간에게는 자가 치유 능력이 있다. 그렇다면 우리 몸에서 자가 치유 능력을 발휘시키려면 무엇을 어떻게 해야 할까? 병을 진단 받은 상태에서 '좋은 삶'으로 가는 길을 찾아내기 위해 개인이 할 수 있는 일에는 무엇이 있을까?

병에 걸려도 삶은 계속된다

심각한 병에 걸렸단 이야기를 들으면 처음에는 엄청난 충격을 받는다. 환자가 새로 마주한 이 믿을 수 없는 상황을 제대로 파악하고 하나하나 정리해 의학적 치료 방법과 이와 관련된 당장의 결정을 잘 내리려면 다른 사람의 도움과 사회적 지원이 필요하다. 이러한 첫 단계를 이겨내고 나면, 앞으로 어떻게 해야 할지에 대한 질문이 남는다. 이제 자기 삶에 새로운 방향을 부여할 기회가 생긴 것이다. 질병은 최종 선고가 아니다. 같은 병이라도 아주 다른 경로를 거치며 진행될 수 있다. 환자가 이에 영향을 미칠 수 있다.

하버드대학교에서 진화생물학을 가르치며 그 분야에서 세계적인 명성을 얻은 스티븐 제이 굴드 교수는 마흔둘에 중피종 진단을 받았다. 복막에 악성 종양이 생겼다는 것이다. 의학 교과서적 지식에 의하면, 이러한 진단을 받은 환자의 평균 생존 기간은 8개월 정도에 불과하다. 굴드는 일단 병원에서 전통적인 치료를 받았다. 동시에 그는 스스로를 잘 돌보는 건강한 생활 방식으로 하루하루 바꾸어나갔다. 그렇게 그는 악성 종양을 품고 20년을 더 살았다. 그는 자신의 병이 중앙값으로 진행되었다면 고작 8개월만 살았을 거라며, 이러한 개인적인 경험을 바탕으로 '중앙값은 메시지가 아니다The Median Isn't the Message'라는 제목의 글을 남겼다.[2] 의학 문헌을 살펴보면, 악성 종양이 교과서적 지식을 거스르며 계속 자라지 않거나 심지어 (완전히 사라질 정도로) 퇴화한 사례들이 천여 건 넘게 있다.[3]

"헛된 희망을 가지지 말되, 헛된 절망도 가지지 말자!" 대체 의학은 헛된 희망 쪽으로, 전통 의학은 헛된 절망 쪽으로 치우치는 경향이 있다. 나는 저 문장의 양측 모두 지지한다. 나의 동료이자 친구인 정신종양학자 엘마르 로이터Elmar Reuter가 저 인용문의 원작자로, 암 진단 후에도 생존을 이어 간 사람들의 이야기를 인상적으로 그린 저서《기대보다 늘어난 나이테Mehr Jahresringe als erwartet》에서 이처럼 말했다.[4] 그가 만난 모든 환자들은 먼저 의학적 치료를 받았다. 동시에 자기 삶을 그냥 내버려두지 않고 (심리 치료에 도움을 주는 이들을 곁에 두며) 새로운 방향으로 삶을 돌리면서 자신의 병이 놀랍도록 좋은 경과를 보이는 것을 몸소 경험했다.

미국의 종양학자이자 심리학자인 켈리 터너Kelly Turner는 캘리포니아대학교 버클리 캠퍼스에서 의학적으로 악성 종양 진단을 받은 20명의 환자들이 병에서 회복되고 끝내 완치된 사례를 집중적으로 들여다보고 연구해 이를 박사 논문으로 발표했다.[5] 이들 사례에서 공통적인 특징은 환자들이 자기 삶의 방향을 급진적으로 전환했다는 사실이다. 엘마르 로이터 그리고 나와 마찬가지로, 켈리 터너 또한 전통적 의학 치료가 유익하다 여기면서도 이걸로 그쳐서는 안 된다고 생각한다('삶의 방향을 돌린다'는 말의 구체적인 의미는 다음에 이어지는 글에서 살펴보겠다).

암이나 악성 종양, 심혈관 질환을 진단받았다고 해서 최종 선고가 떨어진 것은 아니다. 캘리포니아대학교 샌프란시스코 캠퍼스에서 의과대학 교수로 있는 딘 오니시Dean Ornish 가 여러 차례 진행한 연구에 따르면, 생활 방식을 급진적으로 바꾸면 심근 경색이 90퍼센트 가까이 감소하고, 관상동맥 수축(다른 말로 협착) 또한 부분적으로 회복될 수 있다(!)고 한다.[6]

'삶의 방향을 돌린다'는 것의 의미

켈리 터너가 조사한 사람들은 암 진단을 받고 나서 구체적으로 무엇을 했을까? 이들 20명의 공통점은 병 진단 후 적극적으로 자신의 건강을 돌보기로 결심했다는 것이다. 모두 각자의 식단을 근본적으로 바꾸었으며, 자신의 감정을 진지하게 다루고 억눌린 감정도 표현하기 시작했다. 주변에 인적 도움과 지원을 요청하고 이를 기꺼이 받아들였다. 자기 삶이 어떤 의미가 있는지 깊이 사색했으며, 왜 계속해서 살고 싶은지 각자 강력한 개인적인 이유를 하나씩 찾았다. 최근에 출간한 저서에서 켈리 터너는 여기에 한 가지 요소를 더 추가했다. 바로 신체 활동의 증가로, 이를 중요한 요소로 꼽으며 재차 강조했다.

엘마르 로이터와 그의 연구팀의 조사 결과도 이와 궤를 같이한다. 로이터 교수의 연구팀이 추적 조사한 사람들, 즉 암 발병 이후 경과가 특별히 양호해져 이목을 끈 사람들은 다음과 같은 특징도 있었는데, 심리 치료 과정에서 삶의 방향을 바꾸었다는 것이다. 이들은 자기 안에서 '저항심이 드는' 무언가를 발견하며 자신의 삶을 새로이 정리했다. 몇몇

은 자신에게 부담스럽거나 어색하게 느껴지는 의무와 책임
에서 스스로 벗어났으며, 업으로 삼았던 일을 그만두기도
했다. 대신 이들은 새로운 친구 관계를 맺으며 전부터 마음
속으로 하고 싶었던 일들—특별한 취미, 새로운 직업, 자원
봉사 등—을 실행에 옮기기 시작했다. 마음속에서 진심으
로 바랐던 것들을 본격적으로 행하기 시작한 것이다. 말하
자면, 지금껏 멀게만 느껴졌던 삶이 마침내 제 옷을 입은 것
같은 체험을 한 것이다. 이를 잘 해낸 사람은 자기 삶이 의
미 지향적으로 흘러가고 있음을 경험하게 된다.

암 같은 심각한 질환을 진단받은 이후의 상황은 트라우
마가 발생한 상황과 비슷하다.[7] 정신적 외상이라고도 불리
는 트라우마 발생 이후, 충격 단계를 극복하고 필수적인 응
급 처치가 잘 이루어지면 고통을 받았음에도 불구하고 내
면의 일부가 긍정적으로 성장한다. 이를 외상 후 성장Post-
traumatic Growth, PTG이라고 한다.[8] 외상 후 성장을 이루는 데 나타
나는 내적 성장 과정의 특징은 다음과 같다. 자기 삶을 새로
이 평가하고, 삶에서 정말 중요한 것이 무엇인지 새로 정의
를 내린다. 좋은 인간관계는 더욱 강화되고, 이제까지 알지
못했던 자신의 장점과 능력을 발견한다. 인생의 항로에 새

로운 방향을 설정할 수 있는 가능성을 깨닫고, 마침내 삶의 의미에 대한 질문에 새로이 눈뜨거나 보다 깊은 관심을 갖는다.

이러한 발전과 성장은 정신적 외상을 겪은 사람들뿐만 아니라 심각한 병을 진단받은 이들도 가능하다. 단 스스로가 바라고 노력해야 한다. 병마에 시달리는 환자에게 성장을 요구할 수도, 강요할 수도 없다. 환자 스스로의 내면에서 우러나와야 한다. 환자 스스로 성장하고 싶은 의욕이 생겨나야 한다. 다만 환자를 정성스럽게, 진심 어린 애정으로 돌보는 주변 사람들이 가볍게 자극하며 동기를 부여할 수는 있다.[9] 이때 주변의 보호자가 심리 치료사 같은 역할을 맡아서는 안 된다. 보호자의 애정 어린 간호와는 별개로 전문 심리 치료사가 자신을 돌본다는 느낌을 받도록 하는 것이 좋으며, 이에 따라 보호자의 역할은 적당한 선에서 제한될 필요가 있다.

건강한 삶에 대한 열의가 있습니까?

병에 시달리는 환자들에게 애정 어린 주변의 자극은 비단 정신적인 새로운 시작에만 필요한 것이 아니다. 정신과 신체는 원래 하나로 연결되어 있다. 하지만 아픈 사람들뿐만 아니라 오늘날 거의 모든 사람이 정신과 신체가 따로 떨어져 있다. 심각한 질병에 걸린 사람들 대부분은 자기 돌봄이 열악한 상태에 놓여 있다. 다른 무엇보다 신체 활동이 부족하고 영양 섭취가 불균형하다.

나의 개인적인 경험에 따르면, 삶에 대한 의욕과 다른 생활 습관에 대한 호기심이 깨어나야 비로소 변화가 일어난다. 그런데 이를 막아서는 두 가지 큰 장애물이 있다. 바로 습관과 개인의 환경이다. 식습관을 바꾸는 일은 가족과 친구들의 도움과 지원이 있어야만 가능하다.[10] 가족 구성원이나 친구들, 또는 동료들이 건강을 위한 생활습관을 비웃거나 대수롭지 않게 여긴다면 제대로 된 친구들에게 둘러싸여 있는지 진지하게 고민해봐야 한다.

신체 활동을 늘리는 일은 자신에게 맞는 강좌나 모임에 참여할 때 보다 수월하게 이루어진다. 암 진단 후 자기 삶을 새로운 방향으로, 치료에 도움이 되는 방향으로 돌리고 싶은 사람은 제일 먼저 알코올을 식단에서 지워야 한다. 다들 알다시피 적당한 수준의 알코올 섭취도 암 발병 위험을 높인다.[11] 아울러 육류 소비도 크게 줄이거나 아예 끊어야 한다.[12] 육식과 알코올 섭취는 과체중에 결정적으로 기여하며, 과체중 및 비만은 암 위험을 높이는 요소로도 손꼽힌다. 채소 위주의 식단은 암 환자뿐만 아니라 심혈관 질환을 가진 이들에게도 우선적으로 권장된다.[13] 채식이 재미없고 우울한 삶으로 이끈다는 잘못된 생각을 가지고 있는 환자가 있다면, 그를 아끼는 주변 이들이 점심이나 저녁 식사 때 그를 채식 레스토랑에 초대하여 채식의 이로움을 알려주며 설득하는 것도 좋은 방법이다. 잘 찾아보면 훌륭한 채식 메뉴가 생각보다 매우 많다.

건강한 식습관과 운동을 통한 '좋은 삶'

임산부가 자궁 속 자기 아이를 처음으로 느끼는 순간은, 배 둘레가 늘어나는 것을 제외하면 바로 태아가 움직일 때다. 스스로 움직이려는 태아의 의욕은 임신 기간 동안 현저히 증가하며, 대부분은(비록 항상 그런 건 아니지만) 어머니의 기쁨을 위함이다. 신생아들의 움직임과 운동 반사도 의도에 의한 것이 아니다. 하지만 이러한 움직임은 한 가지를 알린다. 여기에 생명이 있다는 것을. 네 발로 기려는 의욕, 그리고 끝내 두 발로 걸으려는 야심은 그칠 줄 모른다. 우리가 온 힘을 다해 제동을 걸기 전까지는, 가만있거나 조용히 앉아 있으라고 가르치기 전까지는. 이때까지 아이는 활동의 즐거움을 제약 없이 누린다.

그런데 요즘에는 강압적인 조치가 거의 필요하지 않다. 우리가 어린아이들을 마치 중독자처럼 크고 작은 화면 앞에 꼼짝 못하도록 붙들어놓은 이후로 말이다. 이제 우리는 어떻게 될까? 더 이상 움직일 수 없으면 인간은 삶의 기쁨을 잃게 된다. 자기 삶에서 그저 한정된 기쁨만 누릴 수 있는 사람은 덜 움직이게 된다.

실제로 우울증과 과체중은 상호 의존적이며, 동전의 양면과도 같다.[14] 독일의 경우 남성의 3분의 2이상, 여성의 절반 이상이 과체중이다. 그리고 이들 중 절반은 비만이다. 오늘날 우리는 악순환에 빠져 있다. 우울증과 과체중은 활동을 어렵게 만들며, 활동 부족은 과체중과 우울증이라는 결과를 낳는다. 오늘날 심신의학 전문 병원에서는 우울증의 효과적인 치료법 중 하나로 운동 치료—요가, 그룹 운동, 자연 탐방, 산보, 등산 등—를 꼽는다.

심혈관 및 암 질환이 발생한 이들에게서 신체 활동에 대한 의욕이 사라져버리는 것이 어떤 의미인지 수년 넘게 과소평가되었다. 인류에게는 활동을 향한 깊은 욕망이 숨어 있다. 이는 우리 복부의 피하 지방층 밑에 숨어 있으며, 우리를 크고 작게 짓누르는 우울한 감정에 억눌려 있다. 우리는 이를 되찾아야 한다.

운동 부족은 심혈관[15] 및 암[16] 질환의 위험 요소 중 하나다. 혹시 두 질환 중 하나에 걸렸더라도 아직 게임은 끝나지 않았으며, 따라서 패배한 것도 아니다. 오히려 그 반대라고 할 수 있다. 자가 치유 능력의 바구니 안에는 삶의 정신적·사회적 방향을 새로 설정하는 외상 후 성장과 식습관 변화 외에 다른 세 번째 요소도 담겨 있다. 자신의 몸에 맞는 적정량의 활동을 시도할 수 있다는 것. 심혈관[17] 및 암[18] 질환 같은 도전에 직면한 환자들은 운동량을 늘림으로써 병의 경과가 호전되는 기회, 기대 수명을 늘릴 수 있는 기회, 삶에 대한 태도를 개선할 수 있는 기회를 높일 수 있다. 무엇보다 암 발병 환자들에게서 자주 나타나는 만성 피로를 극복할 기회를 얻을 수 있다.

이제까지 그 어떤 종류의 운동도 접하지 않은 초보자라면 그룹 요가에 참여해볼 것을 권한다. 평소 등산이나 수영, 자전거를 즐기는 사람이라면 일주일에 최소 한 번, 가능하다면 여러 번 밖으로 나가서 움직이기로 결심하고 다른 어떤 야심(!) 없이 40분 정도 신체에 저강도 내지 중강도의 부하를 가해보자. 모든 종류의 운동은 건강에 유익한 유전자를 활성화시키는 변화를 가져온다.[19] 유방암이 발병한 여성들 중 요가가 포함된 마음 챙김 명상 수업에 참여한 경우, 심혈관 및 암 질환을 촉진하는 위험 유전자들의 활동이 줄어드는 것으로 나타났다.[20] 이는 2장에서 말했던 내용과 다시 연결된다. 자가 치유 능력의 세 가지 요소를 모두 갖춘 사람은 에우다이모니아적인 삶, 의미 지향적 삶으로 향하는 길을 잘 가고 있는 것이다.

9장

치매 그리고
인생에 대한 의미 상실

인간의 뇌는 진화의 정점을 보여주는 놀라운 산물 중 하나다. 인간의 뇌는 주관성과 객관성을 동시에 갖추고 있다. 즉 경험을 주관하는 기관이라는 의미에서 주관성이 있으며, 물리적·신경생리학적 토대를 이룬다는 점에서 객관성이 있다. 두뇌의 주관성과 객관성은 서로 영향을 주고받는다. 물리적·신경생리학적 토대는 주관적인 경험의 전제 조건이나 이를 완전하게 설명하지는 못한다. 반대로 주관성은, 즉 우리가 경험하거나 행하는 일들은 두뇌의 신경적 기능과 구조에 영향을 미친다.

두뇌의 신경적 '토대'에서 '기능'으로 가는 길을 탐색하는 작업은 지난 수십여 년 동안 신경과학 연구의 핵심이 되었다. 우리가 뇌를 어떻게 쓰는지, 역으로 뇌의 물리적 구조가 어떻게 작용하는지에 대해서는 비교적 최근에 자세히 밝혀졌다. 2장에서 우리는 인간의 유전체를 피아노 건반에 빗대어 이야기했다. 우리가 살아가는 방식에 따라, 그러니까 우리가 건반을 어떻게 연주하느냐에 따라 소리가 달라진다고 말이다. 이는 뇌에도 해당된다. 즉 우리가 살면서 보고 듣고 느끼며 행하는 모든 것, 우리가 고수하는 생활 방식은 뇌의 물리적 구조에 영향을 미친다. 안정, 호의, 교육, 고무적인 주변 환경은 두뇌 성장에 유익하다. 불안정, 두려움, 사회적 고립, 무시, 폭력은 그저 마음에만 상처를 입히는 것이 아니라 뇌 구조에도 손상을 가져온다.[1]

에우다이모니아에서 말하는 '의미'와 '좋은 삶'은 형이상학적 구조물이 아니라 인간관계의 맥락에 깊숙이 박혀 있는 구조물이다. 중요한 인간관계의 맥락이 무너지면 의미의 위기가 발생할 수 있다. 인간관계에 타격을 입으면 정신적 토대만 흔들리는 것이 아니라 삶의 의미에 관한 것 자체가 심하게 뒤흔들릴 수 있다. 추가적인 약화 요인들이 더해지면 공감의 인지적 요소 또한 해를 입을 수 있다.

물론 우리가 살아가는 객관적 현실 세계의 법칙은 인간

관계와는 무관하게 작동한다. 이를테면 커피 한 잔을 내놓기 위해 거쳐야 하는 일련의 행동들은 커피를 내주고 싶은 사람의 인간관계에 따라 달라지지 않는다. 그런데 우리 안에 저장되어 있는 내적 세계의 법칙은 우리의 인간관계와 크게 상관이 있다. 심각한 우울증에 빠진 사람에게 세상은 더 이상 아무런 의미가 없다. 거의 모든 것에 관한 동기를 잃을뿐더러 때로는 자기 본연의 세계와 관련된 지식의 일부에도 접근하기가 어려워진다.[2]

우울증과 달리 치매에 걸린 사람들의 경우는 약화된 인지 능력이 (원칙적으로는) 원상태로 되돌아오지 못한다. 그렇지만 인간관계의 맥락에 따라 크게 요동칠 수는 있다. 치매 환자의 가족들은 종종 이런 이야기를 전한다. 환자가 특정 환경(집 안)에서는 커피를 더 이상 만들지 못하는 반면, 성인이 된 자녀가 집을 방문하는 경우처럼 분위기가 달라지면 갑자기 커피를 끓일 수 있는 상태가 된다고 말이다.

혈관성 치매와 알츠하이머병

의사이자 학자로서 나는 치매 치료와 연구에 수년간 전념한 적이 있다. 치매는 단순히 정의 내릴 수 있는 획일적인 병이 아니다. 보통 정신적 능력이 돌이킬 수 없는 수준으로 떨어지는 병리적 감퇴와 결부되는 질환들을 총칭하는 개념으로 쓰인다. 가장 빈번히 발생하는 두 가지 치매 유형으로는 혈관성 치매와 알츠하이머병이 있다('뇌석회화'라고 불리던 병이나 그 외 드물게 발생하는 다른 유형의 치매는 여기서 언급하지 않겠다).

혈관성 치매는 혈관의 손상이나 폐쇄 또는 출혈을 바탕으로 서서히 전개되는 질환이다. 다년간 지속된 고혈압이나 당뇨는 뇌졸중 없이 뇌의 여러 작은 혈관에 손상을 가하며, 대부분 그중 하나가 천천히 치매로 발전한다. 뇌졸중은 대개 큰 혈관의 폐쇄나 출혈로 인해 일어난다. 언어 장애, 신체 마비 같은 몇몇 증상과 함께 아주 갑작스럽게 발생하며, 사라지지 않고 남는 경우에는 종종(항상은 아니다!) 치매로 이어진다. 뇌졸중을 일으키는 위험 요소로는 고혈압과 심부정맥이 있다. 뇌의 작은 혈관과 큰 혈관은 복합적으로 두뇌에 손상을 일으키기도 한다. 고혈압과 당뇨, 심부정맥에 이르는 과정은 혈관성 치매의 전조 단계라고 말할 수 있다. 환자들을 살펴보면 건강하던 시절에는 활력이 넘치고 혈기왕성했던 경우가 많다.

혈관성 치매와 달리 알츠하이머병은 신경세포 간의 연접 부위인 시냅스Synapse가 손상되어 발병한다.[3] 알츠하이머병에 걸린 사람들의 95퍼센트는 비유전성 알츠하이머 환자다. 예전에 나는 알츠하이머 치매를 다루는 의학 전문 서적을 하나 펴낸 적이 있다.[4] 나를 포함한 우리 연구팀은 사망한 알츠하이머 환자들의 뇌에서 염증전달물질인 인터루킨-6를 발견했다.[5] (발견되기 몇 해 전부터 내가 연구에 동참하고 끝내 함께 찾아낸)[6] 인터루킨-6는 우리가 앞서 언급한 위험 유전자 집단에 속한다.[7]

혹시나 싶어 2장의 내용을 다시 한번 간단히 정리해보겠다. 이 위험 유전자들은 활성화되면, 우리 몸속에 교란이 일어났다고 알리며 '레이더망 바깥을 날아다니는' 은밀하고도 만성적인 염증을 불러일으킨다. 그렇게 심혈관 및 암 질환, 치매의 위험을 중장기적으로 높인다. 인터루킨-6 말고도 일련의 위험 유전자에서 비롯된 다른 '유전자 산물'들이 알츠하이머 환자의 뇌에서 확인되었기 때문에,[8] 위험 유전자 집단의 활성화가 심혈관 및 암 질환뿐만 아니라 치매 발병에도 영향을 줄 수 있다는 가정은 결코 무리가 아니다. 은밀하게 이뤄지는 아급성 염증의 병리적 작용은 중장기적으로 나타나므로, 알츠하이머병은 정신적·생물학적 교란 상태가 장기간 선행되는 질병이라 말해도 되지 않을까 싶다.

생의 맥락이 무너진다는 것은

알츠하이머 환자들의 경우 발병하기 전 수년 내지 수십여 년 동안 가족 구성원들에게 지나칠 정도로 따뜻하고 다정하며, 다툼을 피하려는 모습을 종종 보인다. 우리 연구팀은 알츠하이머 환자들의 일생을 조사하며 일종의 패턴을 발견했다. 이들은 어린 시절과 청장년기에 트라우마를 겪은 이력이 여러 번 있고, 중장년기 이후에는 자율성이 떨어지고 유능한 배우자에게 크게 의존하는 경향을 보였으며, 첫 알츠하이머 증상이 나타나기 직전에는 심한 스트레스 사건을 겪었다는 것이다.[9]

조사를 통해 우리 연구팀은 알츠하이머 첫 증상이 나타나기 전 반년 내지 2년 사이에 환자가 주변의 애착 인물을 상실하거나 상실될 위험에 처하는 극도의 스트레스 사건을 겪었다는 사실을 확인했다. 여기서 말하는 애착 인물은 환자의 정신적 안정에 중요한 역할을 하며, 일종의 '외적인 닻'으로서 환자에게 지대한 의미를 가진 사람을 뜻한다. 이런 사람과의 관계가 단절되거나 단절될 위험에 처했다는 것은 곧 병이 발생할 환자에게는 (안 그래도 이전의 트라우마들로 인해 약해진) 생의 맥락이 무너지고 사적인 의미의 구조물이 붕괴되는 사건과도 같다. 불안과 스트레스는 코르티솔과 글루타메이트 같은 전달물질의 분비로 이어지며, 이는 신경 구조를 손상시키고 신경세포를 파괴시키기도 한다.

안타깝게도 알츠하이머 연구는 수년 동안 교착 상태에 빠져 있다. 노화가 진행되면서 뇌혈관에 발생하는, 이른바 아밀로이드 플라크Amyloid Plaques라는 단백질의 침적이 알츠하이머병의 원인이라는 가설을 주류 학자들이 완강히 주장하고 있기 때문이다. 예전에는 드루젠Drusen, 즉 결정체라고 불린 이 침적물이 알츠하이머 발병과 거의 아무런 관련이 없다는 사실을 처음으로 밝혀낸 사람은 다름 아닌 알로이스 알츠하이머Alois Alzheimer였다.[10] 알츠하이머는 다음과 같은 이유를 들었는데, 아밀로이드 플라크는 아무런 치매 징조 없이 사망한 (수많은) 노인들의 뇌에서도 (부분적으로) 나타나기 때문이다. 반대로 치매 환자들 가운데 사망 이후 아밀로이드 플라크 침적이 거의 나타나지 않은 사례도 무수히 많다.

알츠하이머의 업적은 알츠하이머 치매로 사망한 사람들의 뇌에서 그때까지 전혀 알려지지 않은 새로운 형태의 신경세포 손상, 즉 '신경섬유 변성Neurofibrillary Degeneration'을 발견했다는 것이다. 그의 이 발견으로 당대 정신의학의 이론적 기초를 세운 독일의 정신의학자 에밀 크레펠린Emil Kraepelin은 신경섬유 변성을 지닌 치매를 알츠하이머병으로 명명하게 되었다. 알츠하이머병 연구에 대한 역사는 내가 쓴 알츠하이머 책에 자세히 담겨 있다.[11]

알츠하이머병은 정확한 원인이 아직 충분히 연구되지 않은 정신적·생물학적 질병이다. 신경 변성에 정신적 요인이 미치는 영향을 주목하는 학자들이 적지 않다. 그중 나의 제자이기도 한 에바 베커Eva Becker는 고도의 메타 분석을 통해 이를 증명하는 논문을 발표하기도 했다.[12] 따라서 알츠하이머병의 연구와 치료는 환자의 관점에서, 그 안에 여전히 내재된 '의미 있는 활동'을 위한 잠재력을 발휘시키는 방향으로 나아가야 한다.

알츠하이머 환자들은 병세가 진행되어도 인간관계에 있어 반사와 공명을 하는 능력이 대개 오랫동안 유지된다. 이들은 친절한 안내가 동반된 그룹 활동, 신체 활동 놀이, 스포츠 활동[13] 등을 충분히 해내며, 합창처럼 여럿이 함께 노래를 부르며 표현하는 일도 가능하다. 이처럼 공동으로 하는, 애정이 가득한, 활동 중심의 심리사회적 조치 외에도 병의 초기 단계에 개별적으로 심리 치료를 한두 차례 진행하면 환자 본인과 주변 보호자의 정신적 부담을 덜어주는 데 상당한 도움이 된다.[14]

우리 내면의 인지적 건강과 가장 깊게 연결되어 있는 세계는 바로 우리가 맺는 인간관계다. 모르는 사이에 우리는 자신의 인지적 잠재력을 관계 속에서 향상시킨다. 우리가 이 세계를 이해하고, 이 세계의 법칙에 다가가는 인지적 통로를 발견하고, 이 세계를 형성하는 일련의 과정은 그 자체로 목적이 아니다. 관계를 향한 욕망이 우리 안에 깊은 무의식적 동기를 만들어, 살면서 사회적으로 의미 있는 역할을 맡도록, 다른 사람을 위해 거기 존재하도록, 다른 사람에게 인정받도록 해준다. 그런데 (이유가 무엇이든) 이를 지탱하는 토대가 무너지면 인간은 아프게 된다.

10장

공감과 인간성
그리고 '좋은 삶'

"좋은 삶은 목적과 의미가 있는 삶이다."[1] 이 책을 시작할 때 내건 문장을 가지고, 이제 철학과 의학이라는 두 손을 맞잡는 길로 되돌아갈까 한다.

철학자 마르쿠스 가브리엘은 그의 저서 《어두운 시대의 도덕적 진보》에서 '좋은 삶'이 무엇인가 하는 질문을 붙들고 철학적 관점에서 씨름했다. 즉 그는 합리적이고 도덕적인 공동의 삶은 어떤 모습이어야 하는가를 두고 깊이 고찰했다. 책을 통해 나는 이러한 철학적 접근의 상호 보완적 맞상대의 입장을 밝히려고 했다. 다시 말해 다음과 같은 질문을 던지며 답을 찾고자 했다. 인간은 의학적·생물학적인 관점에서, 특히 신경과학적 관점에서 공존이 가능한가?

즉 '새로운 계몽'의 근본 사상을 따를 수 있는가? 우리 인간은 (말하자면) 그러도록 '만들어진' 존재인가? 인간은 선하고 정의로운 인간성과 공감이 이끄는 사회적 삶을 살아가도록 정해진 운명인가? 아니면 원래 생물학적으로 이기적이라는 꼬리표가 붙은 채 살도록 정해진 존재인가? '이기적 유전자'라는 표어를 내건 몇몇 진화생물학자들의 주장처럼, 신자유주의 이론가들과 이런 신자유주의를 신봉하는 정치가들이 그럴듯하게 우리를 속이는 것처럼 말이다. 오늘날의 관점에서 이에 대한 답은 의심의 여지 없이 명확하다.

선한 인간성, 에우다이모니아적인 좋은 삶, 사회 친화적 공존, 공공심, 공평, 공감을 지향하는 태도는 인간의 건강에 유익한 유전자 프로그램 및 신체 체계를 활성화시키며 질병의 위험을 줄인다. 계속되는 불안과 공격성, 이와 연계된 신경 체계의 활성화는 인간의 몸 안에서 아급성으로 진행되며, 이른바 '레이더망 바깥을 날아다니는' 만성 염증 과정을 유발한다. 이로 인해 심혈관 및 암 질환, 치매가 촉진될 수 있다.

인간이 어떤 존재인지에 관한 질문에 오늘날 우리가 얻을 수 있는 정보는 이처럼 뚜렷하고 명확하다. 하지만 여기서 끝이 아니다. 이런 신체 체계 및 신경생물학적 구조를 갖춘 인간은 스스로를 공감 능력이 있는 생명체로 만들 수 있다는 사실이 결정적으로 더해졌다. 즉 우리 인간은 타인이 느끼는 것을 느끼고, 또 타인의 입장이 되어 생각하는 걸 가능하게 만드는 신경생물학적 도구를 스스로 갖출 수 있다. 인간은 같은 인간을 즐겁게 만들 수 있을 때 기쁨을 느낀다.

우리 인간이 공평하고 공정하며 공감적인 공존을 영위하도록 정해진 생물이라는 말은 그저 단편적이고 이상주의적인 주장이 결코 아니다. 내가 인용한 과학적 자료들은 그 외에도 수많은 추가 증거를 덧붙였다. 그 가운데 1만 3000명에 달하는 사람들을 4년 넘게 과학적으로 추적 관찰하고 분석한 사례가 있다. 일주일에 두 시간씩 자원 봉사에 참여한 실험군은 보다 긍정적인 감정과 낙천적인 태도를 보였으며, 자기 삶을 더욱 의미 있게 여겼다. 아울러 신체적 이상 증상이 덜 발생하고, 전반적으로 보다 나은 건강 상태를 누렸다. 뿐만 아니라 대조군에 비해 관찰 기간 동안 사망률이 40퍼센트 넘게 감소했다.[2]

세계적인 과학 학술지 중 하나인 《사이언스Science》에 몇 년 전 게재된 한 실증 연구의 제목은 '일상생활의 도덕성

Morality in everyday life'이었다. 이 연구는 사람들의 '지극히 평범한 일상'을 대상으로 삼았는데, 그 결과 이들이 경험한 도덕적 행위는 물론이고 무엇보다 이들이 직접 행한 도덕적 행위가 스스로에게 행복감을 주며 또한 삶의 의미를 느끼도록 한다는 사실이 밝혀졌다.[3] 이를 바탕으로 나는 '쾌락주의적 포기'라는 표현을 사용하기도 했다.[4]

선하도록 정해졌으나 선천적으로 선하지는 않다

우리가 에우다이모니아적인 '좋은 삶'을 살도록 정해진 존재이기는 하지만, 그렇다고 인간이 도덕적 의미에서 선천적으로 선한 존재라고 보기는 어렵다. 인간이라는 종을 향해 "근본적으로 선하다"고 하는 말 또한 인간이 인간에게 저지른 범죄를 생각하면 그리 동의하고 싶지도 않다. 하지만 인간은 선천적으로 이기적이라는 주장도 무언가 부족하다. 폭행과 범법 행위는 인류학적으로 정상 변이가 아니라 (상당수의 경우 치료 가능한) 정신적 장애의 표출이며,[5] 이는 아동 및 청소년 시기에 겪은 폭력과 방치가 서로 결합되어

나타난 것이다.

최근 진행된 한 연구에서는 우리 인간이 악한 본성과 생존 투쟁의 원칙을 믿는 사회진화론을 따르는 존재인지, 특히 악한 성격적 특성을 가진 존재인지를 심층 분석해보기도 했다. 실제로 사회진화론자들은 우리 인간에게서 전형적으로 '어두운 성격의 세 가지 요소Dark Triad of Personality'가 두드러진다고 본다.[6] 마치 삼각형의 꼭지처럼 서로 결합하여 인격 장애를 일으키는 이들 세 요소는 나르시시즘(Narcissism, 자기애)과 사이코패스(Psychopath, 반사회적 태도), 마키아벨리즘(Machiavellism, 목적을 위해 수단과 방법을 가리지 않는 태도)으로, 특히 사이코패스는 공감 능력이 결여되어 있으며 마키아벨리즘은 타인에 대한 배려가 부족하다.[7] 부도덕한 외면 뒤에는 사실 자기 가치감이 약하고 사회적 거부에 대한 두려움을 가진, 인간관계를 맺는 일에 어려움을 느끼는 인간이 숨어 있다.[8] 이런 분석은 특정 정치인이 세상을 바라보는 방식과 일치하며, 진화생물학 분야에서 사회진화론을 지지하는 사람들이 세상을 이처럼 위험한 방식으로 바라보도록 만든다.

사람들이 악행을 행하고, 비정하게 굴며, 같은 인간을

비인격적으로 대하고 폭력을 행사하게 되는 이유는 다양하다. 그러나 거의 대부분은 경험에 의해 좌우된다. 내적·심리적 요소와 외적·사회적 요소와 관련되어 있으며, 대체로 두 요소가 복합적으로 작용해 하나의 문제로 드러난다. 이 세상에 범죄자나 소시오패스(Sociopath, 반사회적 인격 장애)로 태어나는 사람은 아무도 없다. 나는 우리의 일상 그리고 전 세계에서 벌어지는 폭력의 복합적이고 다양한 이유를 살펴보고, 신경과학자이자 정신의학자의 관점에서 이런 폭력이 경험에 영향을 받은 것이라는 고찰을 책으로 펴낸 적이 있다.[9]

인간의 자유에는 선이나 악을 행할 수 있는 자유도 있다. 나는 또 다른 책에서 각 인간에게 새겨진 생물학적·사회적 특징에도 불구하고 우리 인간은 마음대로 자유 의지를 가질 수 있는 존재임을 밝히기도 했다.[10] 인간의 행동 양식이 가능한 한 지속적으로 선에 해당되는 범위 안에서 유지되려면, 내적인 지지를 비롯해 외적·사회정치적인 기본 조건이 필요하다. 즉 선하고 공감적인 행위와 인간 본연의 인간성을 지원하고 장려하는 사회적 조건이.

미덕은 개개인이 선한 행위와 에우다이모니아적인 '좋

은 삶'을 추구하도록 방향을 알려주는 우리 내면의 안내자다. 오늘날까지도 가장 중요하게 여겨지는 네 가지 미덕은 고대 그리스 철학자 플라톤과 관련이 있는데, 이른바 기본 덕목(Cardinal Virtues, 주덕)이라고 칭해진다. 그가 꼽은 네 가지 기본 덕목은 용기, 지혜(교육과 연결되는 현명함), 절제, 그리고 정의다.[11]

이 네 가지는 세계적인 교세를 가진 세 가지 유일신 종교에서 모두 인정하는 미덕이기도 하다. 가톨릭 교황 그레고리오 1세(Gregorius I, 540~604년)는 재위 시절에 믿음, 소망, 사랑이라는 세 가지 덕목에 이 네 가지 기본 덕목을 더하여 일곱 가지 미덕으로 확장했다. 유대교는 마이모니데스 Maimonides라고도 불리는 모세 벤 마이몬(Moses ben Maimon, 1138~1204년)이 이 네 가지 기본 덕목을 전통적 덕목으로 삼았다.[12] 이슬람에서 가장 중요한 철학자 중 하나인 14세기의 아두두딘 알-이지Adududdin al-Iji[13] 마이모니데스처럼 그리스 철학자의 가르침을 수용했으며, 그중에서도 특히 아리스토텔레스의 미덕을 받아들였다.[14]

'좋은 삶'을 위한 정치적 조건

정치의 과업은 개별 인간에게 도덕적으로 선한 삶을 살라고 의무를 부과하는 것이 아니다. 에우다이모니아적인 '좋은 삶'은 앞서 설명했듯이 자유와 자발성을 전제로 한다. 자발성은 도덕적으로 선한 삶, 에우다이모니아적인 '좋은 삶'을 미덕의 테러로부터 분리시킨다.

높은 톤으로 도덕적 목소리를 내며 높은 수준의 도덕을 요구하는 정치인 및 종교 지도자들은 매우 주의할 필요가 있다. 국가(그리고 국가를 대표하는 자)의 임무는 도덕을 전파하며 설교하는 것이 아니다. 스스로 도덕적으로 올바른 행동을 하는 것이다. 국가는 1) 모든 국민이 개인의 관점에서 의미 지향적이고 건강한 삶을 실현할 수 있는, 2) 한정된 자원이 공정하게 분배되어 사회적 평화가 유지되는, 3) 자연과 환경 그리고 기후가 지속적으로 보호되고 지켜지는 정치적이고 법적인 틀을 확실히 마련해야 한다.

우리 시대의 정치 행위가 의무적으로 지켜야만 하는 보편적 윤리 가치에는 인류의 생존, 환경 보호, 질병 극복, 국가 및 세계 자원의 공정한 분배, 평화를 추구하는 이들을 향한 비폭력, 위기에 처한 이들을 향한 지원 등이 있다. 민주적이고 도덕적인 가치를 지킬 의무가 있는 국가들은 서로 연대해야 한다. 유럽은 일종의 그런 동맹이다.[15] 여기에 더해 국가는 만일의 경우 공격에 맞서 저항할 수 있어야 한다. 히틀러는 타당한 근거를 대는 데 실패했다.

정치의 도덕과 윤리를 정말 중요하게 여기는 사람이라면, 도덕이 악용되어 부도덕의 도구가 되는 다양한 변종을 충분히 알고 또 조심해야 한다. 인간은 누구도 도덕적으로 완전할 수 없기에, 하지만 그런 이유로 대부분은 그러하기를 요구하며, 자기 인식의 지평에 들어온 부도덕으로 보이는 무언가를 떠들썩하게 가리키며 비난하는 경향이 있다. 스스로 미덕의 파수꾼이 되어 자신이 더욱더 도덕적으로 보이게 하기 위해서 말이다.

이른바 투사投射라고 불리는 이런 메커니즘은 대개 무의식적으로 발동되는데, 도덕적 가치에 열광하는 이들이 투사 메커니즘을 자기도 모르게 발동시키면, 마치 스스로를 선을 위해 싸우는 전사처럼 느끼게 된다. 타인에게 부도덕을 투사하면 자신의 결백이 밝혀지는 효과를 얻는데, 이는 사적인 영역에서뿐만 아니라 저널리즘(특히 법조 저널리즘)

과 국내 및 국제 정치 영역에서도 나타난다.

도덕이 오용되어 부도덕의 도구로 쓰이는 또 하나의 변종으로 '도덕적 면허Moral Licensing'라는 게 있다. 인간은 작은 선행만으로 자신이 타인보다 도덕적 우위를 점한다고 여기며, 일종의 도덕 면허증을 스스로에게 발급하곤 한다. 그러면서 자신의 선행은 줄이고, 반면에 타인의 잘못에는 엄격한 잣대를 들이댄다. 이처럼 크고 작은 도덕적 문제에 전력을 기울이는 사람은 다른 희생자를 필요로 할지 모른다. 자신이 도덕적으로 우월하다는 감정을 쉽게 얻도록 만드는 누군가가. 그러면 자신은 작은 선행을 통해 이미 도덕적 면허를 얻었기에 그에 대한 보상으로 타인보다 더 많은 권리를 얻을 자격이 있다고 여기며, 도덕적 문제에 대해서도 스스로에게는 보다 느슨한 잣대를 적용해도 괜찮다고 생각하게 된다.[16]

다른 형태지만 이와 마찬가지로 매우 빈번하게 일어나고 또 널리 퍼져 있는 도덕의 오용으로는 자신을 희생자로 여기는 태도가 있다.[17] 대부분의 사람들은 살면서 언젠가 한 번은 도덕적인 부당함을 참고 견뎌내야 하는 일에 맞닥뜨린다. 자신이 견뎌낸 부당함의 사정을 밝히고, 비난을 하고,

보상을 요구하는 것은 절대적으로 옳은 일이다. 하지만 많은 사람이 이를 가지고 오랫동안 '도덕 장사'를 한다. 자신이 부도덕을 겪었다는 이유로 평생 동안 특권을 요구하고, 자신에게 일어난 모든 불행과 부당함의 죄를 타인에게 물을 권리를 요구하곤 한다. 이런 태도는 비단 개인에게만 국한되지 않고 집단 내지 국가 차원에서도 종종 나타난다.

부도덕한 목적으로 오용된 도덕이 정치의 도덕성과 정치에 투신한 정치인들의 무결함을 검증하지 못하도록 막아서는 안 된다. 민주주의는 삼권분립이라는 장치 덕분에 독재 정치의 부도덕한 구조와 행동 양식을 세상에 드러내며 스스로 두각을 나타낸다. 보통 독재자들은 독재 체제가 '확실한 관계'를 보장한다고, 자국민의 민주적 유대 관계를 위한 노력과 에너지를 아낄 수 있다고 자랑한다. 민주주의는 노력을 필요로 하므로 힘이 든다. 하지만 유일하게 인간적인 국가 형태이기도 하다. 권위주의 국가 및 사회는 폭압, 공포정치, 사상 금지, 불복종에 대한 폭력이라는 원칙에 따라 작동한다. 인간의 공감 능력이 심각하게 파괴된다는 것은 고려조차 되지 않는다.

오늘날 맹위를 떨치는 '무자비한 자본주의'는 민주주의

를 가로막는 방해물이 되고 있다.[18] 민주주의는 대체로 공감적인 원칙들로 이루어져 있으며, 특히 사회적 약자와 소비자, 환경을 보호하는 제제 및 규정을 바탕으로 운영하도록 설립된 체제다. 지금 우리는 부름을 받았다. 관용적이고 자유주의적이며 다원주의적인 우리의 체제를, 수많은 결함에도 불구하고 사회적 단결과 공감이라는 원칙을 지킬 의무가 있는 체제로 정당한 수단을 가지고 안팎으로 철저하게 지켜나가야 한다. 우리가 이 투쟁에서 패배할 위기에 처한 하나의 최전선은 바로 디지털 기술이다.

인터넷과 인간 사이의 연대

오늘날 인터넷이 인간의 연대라는 문화를 불러왔다는, 왠지 미심쩍은 분위기가 (주로 호의적으로 맺어진) 특정 집단들 사이에서 지배적으로 흐르고 있다. 나도 이런 분위기에 오래 편승하긴 했지만, 이제 더 이상 내가 세상을 바라보는 관점과 일치하지 않는다. 인터넷이 계속해서 일으키는 수많은 자극과 흥분은 막대하고도 강하다. 아울러 나는 시대를 초월한 인류의 잠재력인 공감이 인터넷을 통해 현재 우리 눈 앞에서 해를 입고 있으며, 이것이 우리가 앞으로 극복해야 할 과제라고 생각한다.

시대를 막론하고 언제나 새로운 기술은 우리의 잠재력을, 인간다운 공존을 방해했으며, 우리 인간의 삶을 바꾸어 놓았다. 우리는 지금 이러한 과정을 돌파해 나아가고 있으며, 결코 다시는 되돌릴 수 없다. 여기서 내가 무엇보다 관심 있는 지점은 아동 그리고 청소년들의 운명이다.

청소년 연구에서 두각을 나타내고 있는 캘리포니아의 심리학자 진 트웬지Jean Twenge는 젊은층을 이른바 '로스트 제너레이션(Lost Generation, 잃어버린 세대)'이라고 칭하며, 인터넷이 젊은층에 미치는 부정적인 영향을 절대 사소하게 넘겨서는 안 된다고 주장한다. '평범한 시민들'은 인터넷이 가정에, 특히 아동 및 청소년층에 가하는 어마어마한 변화와 혁명을 거의 알아채지 못한다. 아이들과 직접적인 접촉이 없으면, 오늘날 학교 교사나 심리학자나 정신과 의사는 젊은 세대 위로 떨어진 디지털 기술의 낙진落塵의 정체가 무엇인지 또 어느 정도인지 제대로 인식할 수가 없다.

인터넷이 보장한다는 것에는 인간의 연대 강화가 있다.

에이브러햄 매슬로가 밝혀내고[19] 현대 신경과학이 증명했듯이[20] 사회적 연대는 인간의 기본 욕구이므로 인터넷 사용자, 그중에서도 소셜 미디어 이용자들의 정신적 건강이 증진되리라 기대할 수도 있다. 하지만 지금껏 진행된 여러 연구의 결과는 안타깝게도 이와 빗겨나 있다. 젊은 성인 남녀를 대상으로 표본 조사를 한 연구를 보면, 평균 수준으로 인터넷을 사용한 사람들에 비해 훨씬 많은 시간을 사용한 사람들이 세 배 이상으로 자주 외로움을 느낀다는 사실이 밝혀졌다.[21]

13~18세 동갑내기 청소년들이 현실에서 '얼굴을 마주보는' 만남의 빈도가 얼마나 달라졌는지를 알아보기 위해서는 1976년까지 거슬러 올라가야 한다. 이처럼 장기간에 걸친 연구를 살펴보면, 2010년, 즉 스마트폰 양산 시점부터 대면 만남의 횟수가 현저히 줄어든 것으로 나타났다.[22] 이때부터 청소년들의 인터넷 사용 빈도가 엄청나게 증가했다. 이들 중 실제적인 접촉이 아주 적은 청소년들, 즉 인터넷에서 유독 많은 시간을 보낸 청소년들이 외로움을 느끼는 빈도가 더 늘었다고 답했다. '현실' 친구와의 아날로그 접촉은 전반적인 건강과 삶에 대한 만족감을 높이는 매우 긍정적

인 효과를 낳는다. 반면 온라인에서 주로 생성되고 유지되는 친구 관계는 이런 효과를 기대하기 어렵다.[23]

인터넷 및 소셜 미디어의 지나친 사용은 고독감만 불러오는 것이 아니다. 젊은 세대를 대상으로 대규모 표본 조사를 연속적으로 실시한 사례를 살펴보면 다양한 문제가 양산된다. 크고 작은 화면 앞에서 지나치게 많은 시간을 보낸 아동 및 청소년, 20대 전후의 청년들의 경우 전반적으로 컨디션이 더욱 나빠지고, 삶에 대한 만족감이 떨어지며, 자기 가치감이 더욱 낮아지고, 불안 및 우울 증상이 심해지며, 향정신성 의약품 소비가 더 늘어났다고 한다. 특히 소셜 미디어 플랫폼에 집중하며 머무르는 시간이 많아질수록 이런 경향이 더욱 심했다.[24]

이와 같은 현상에 중요한 역할을 하는 것이 하나 있었으니, 바로 '비교'였다. 다시 말해 인터넷상의 소셜 네트워크에서 서로의 삶을 부단히 비교하는 탓에 이런 일이 벌어진 것이다. 각자의 삶이 오픈되는 곳에서 이용자 하나하나는 (의식적으로든 무의식적으로든) 끊임없는 경쟁 상태에 처하게 된다. 누가 가장 많은 팔로어를 가지고 있는지, 누가 제일 많이 '좋아요'를 받는지, 누가 자기표현 및 자기 연출을 가장 잘하는지, 누가 인생을 제일 잘 즐기는 것처럼 보이는지 계속해서 질문하며 비교한다. 자신의 활기찬 모습을 계속적으로 연출해 체감할 수 있는 반응이나 그 무언가를 얻어야 한다. 그렇지 못하면 지루하고 뒤처지는 사람이 되며, 당연히 다른 사람들의 인정을 받지 못한다. 다른 어떤 곳보다 인터넷은 나의 좋은 모습을 언제나 보여주어야 하는 공간이기 때문이다.

이에 트웬지는 인터넷의 과다 사용과 젊은층에서 우울증을 앓고 있는 비율의 상관관계를 조사해보았다. 그 결과, 미국에서 의학적으로 중증 우울증 진단을 받은 12~17세 청소년이 2005년에서 2017년 사이에 52퍼센트 증가했으며, 18~25세 성인은 63퍼센트나 증가했다고 한다.[25] 이 정도로 심각하다.

위험할 수 있는 인터넷의 정서적 전염

그렇다면 인터넷은 우리의 공감 능력에 얼마나 중요할까? 앞서도 말했지만 인간의 공감은 두 가지 요소로 이뤄진다. 하나는 인지적 요소로 타인이 처한 상황을 의식적으로 내 입장과 바꾸어 생각할 수 있는 능력이며, 다른 하나는 정서적 요소로 타인에게 직관적으로 감정을 이입할 수 있는 능력이다. 인터넷 공간에서 흔히 일어나는 정서적 전염은 잠재적인 위험성이 있는 '저렴한 버전'의 정서적 공감에 속한다. 정서적 전염도 공감처럼 신경세포의 공명 체계를 작동시키며, 아무런 인적인 접촉 없이도 가능하다.

정서적 전염 및 신경 체계 활성화는 사람들이 서로 모르는 상태인 대규모 군중 속에서 일어난다. 정서성과 개인성의 분리는 아주 위험한 현상으로, 이는 대중 매체가 등장하기 전부터 이미 존재했다. 과거에도 그랬듯이 대중 매체는 이러한 현상을 만들어내면서, 동시에 거대하고 새로운 장을 제공한다. 맨 처음 이를 유리하게 이용한 세력은 국가사회주의자들이었다.[26]

그 어떤 것도 나치가 저지른 범죄와 비견할 수 없다. 나치가 사용한 대중 매체라는 수단은 과거뿐만 아니라 현재에도 모방하는 자들이 무수히 많다. 인터넷의 소셜 네트워크가 집단적 정서를 생성해내는 능력은 타의 추종을 불허하는데, 이는 소셜 네트워크 특유의 속성 때문이기도 하다.

마치 그녀처럼 집단 정서는 한번 충분히 떠밀리면 거대한 대중 현상이 되어 군중을 크게 흔들 수 있다. 그 정서가 열광이든 증오든 혹은 두 가지 다든 상관없이 대중을 감정적 소요에 빠뜨린다.[27]

정서적 집단 전염이 (전통적 대중 매체 말고도) 인터넷의 소셜 네트워크상에서도 이뤄진다는 사실은 2013년 69만 명의 페이스북 사용자를 대상으로 (당사자도 모르게) 진행된 실험을 통해 밝혀졌다.[28] 미국의 저명한 학술지에 실려 갖가지 논란을 낳은 이 실험은 페이스북 뉴스 피드를 관리하는 담당자들의 협조를 얻어 이뤄졌는데, 연구팀은 사용자의 페이스북 화면에 매우 긍정적인 감정과 부정적인 감정이 담긴 소식과 광고를 일정 비율로 통제하여 올렸다. 즉 일반적으로 알고리즘에 의해 올라오는 뉴스와 광고주들의 광고 대신 조작된 정보를 제공한 것이다.

조사 결과, (자신의 피드가 통제된 사실을 전혀 모르는) 사용자들은 감정적 색채가 매우 짙은 사적인 글들을 올렸다. 긍정적 소식을 많이 접한 경우는 긍정적인 포스트를, 부정적인 소식에 많이 노출된 경우는 부정적인 포스트를 보다 많이 생산해냈다. 피드의 감정적 색채가 무의식적으로 사용자

들에게 전염되어 사적인 글에도 반영되는 결과를 낳은 것
이다.

도덕적 전염은 어떻게 이뤄지는가

인터넷으로 정서적 전염이 널리 확산될 수 있다는 사실
이 증명된 후, 인터넷 기반의 소셜 네트워크가 이용자들에
게 정서적 전염과 비슷한 '도덕적 전염'도 일으킬 수 있는지
알아보려는 후속 연구가 진행되었다.[29] 미국의 트위터에 올
라온 군비 통제와 동성 결혼, 기후 변화에 관한 56만 개 이
상의 트윗 글을 조사해보았다. 과연 격한 감정이 드러나거
나 도덕적인 단어들이 담긴 트윗은 보다 많이 리트윗되어
널리 퍼져나갔을까? 즉 정서적 전염 내지는 도덕적 전염의
증가로 이어졌을까? 결과는 다음과 같았다.

군비 통제라는 주제의 경우, 최소한 하나의 감정적 단어
에 한 가지 도덕적 단어가 '더해져' 함께 보여야만 전염 효
과가 증가(+19퍼센트)되었다. 이 주제에서 정서성 또는 도덕
성은 각각 개별직인 확산 효과가 높지 않았다. 동성 결혼이

라는 주제의 경우, 최소한 하나의 감정적 단어만으로도 확산을 이끌어내기 충분했다. 하지만 여기에서도 감정적 단어에 도덕적 단어가 '더해져' 조합을 이루어야만 강력한 효과를 발휘(+17퍼센트)했다. 이 주제도 도덕적 호소 하나로는 아무런 효과가 없었다. 기후 변화와 관련된 주제의 경우, 최소한 하나의 감정적 단어 또는 최소한 하나의 도덕적 단어로도 각각 확산 효과가 있었지만, 여기에서도 최소한 하나의 감정적 단어 '더하기' 최소한 하나의 도덕적 단어가 조합되어야만 두드러지는 효과(+24퍼센트)가 나타났다. 정리하자면, 정서성과 도덕적 요구는 이 세 가지 주제에서 모두 시너지 효과를 냈다. 전염의 효과는 기존의 정치적 견해의 경계를 넘나드는 이들보다 자유민주주의 스펙트럼 안에 있는 트위터 사용자들과 보수공화주의 스펙트럼 안에 있는 사용자들에게서 더욱 강하게 나타났다.

'도덕적 전염'이 이루어졌는지를 분석한 결과, 정서성과 도덕성은 내용적으로 서로 반대되는(!) 각각의 위치에서 효과가 두드려졌다. 다시 말해 감정적으로 혹은/그리고 도덕적으로 반론을 펼치면, 군비 통제에 찬성하거나 반대하는, 동성 결혼에 찬성하거나 반대하는, 기후 변화를 막는 환경 보호에 찬성하거나 반대하는 논쟁이 효과적이면서도 성공적으로 이루어졌다.

모든 것은 당연히 '도덕적'이다. 칸트의 철학을 잇는 마르쿠스 가브리엘은 이런 식으로 도덕의 정의가 상대화되는 것에 (이를테면 당연하다는 표현처럼) 머리카락이 곤두설지 모른다. 정서성과 (자칭) 도덕성의 혼합은 인터넷에서 전형적으로 발생하는 현상 중 하나며, 그 결과 굉장히 위험한 혼합물이 생성돼 나온다. 지금까지 나온 다수의 실증 연구는 페이스북을 비롯해 인스타그램, 스냅챗, 트위터 등의 전 세계적인 온라인 서비스 제공자에게 거의 무제한에 가까운 어마어마한 정보 조작의 가능성이 있다는 다소 침울한 사실을 너무도 명백하게 보여준다.

대략 50억에 달하는 지구상의 소셜 미디어 사용자 가운데 최소 90퍼센트는 정치적 내용이 담긴 피드를 (적어도 부분적으로) 접하고 있다. 소셜 미디어를 통해 사용자에게 전달되는 이런 피드는 돈으로 살 수 있으며, 정치적·경제적 행위자들에게 영향을 미칠 수 있다. 도널드 트럼프의 대통령 당선과 브렉시트Brexit가 어떻게 실현되었는지를 보라. 모든 것이 도덕이라는 징표를 달고 있다. 민주주의 사회의 시

민으로서 우리는 무엇을 배우고 어떤 결론을 도출해내야 할까.[30]

전 지구적 관점에서 보면 우리의 공감 능력은 분명 위험에 처해 있다. 여러 연구에서 보여주듯이 '조망 수용Perspective Taking'이라고도 불리는 관점 전환 능력과 타인을 향한 '공감적 관심Empathic Concern' 표명은 지난 20여 년간 크게 줄어든 반면, 나르시시즘과 같은 병리적 자기애의 기세는 점점 거세지는 듯 보인다.[31] 이와 관련된 연구를 진행하고 논문과 책으로 발표한 사라 콘라스Sara Konrath는 이러한 전개의 책임을 오로지 인터넷에 전가하려는 입장에서 멀리 떨어져 있다. 그는 내가 이 책에서 말했듯이 공감을 키우는 교육의 중요성을 지적하며, 아이들이 자기 부모로부터 따뜻한 관심과 애정 그리고 공감을 경험하며 자라야 한다고 주장한다.

아이의 행동을 교정할 때에는 매번 상대편의 입장을 분명히 알려주어야 한다. 공감 어린 교육은 아이를 보호해준다. 아동 및 청소년들이 현실 세계에서 좋은 관계를 견고히 맺도록 도와준다. 한 연구에 의하면, 현실의 아날로그 세계에서 좋은 관계를 통해 연대가 형성된 청소년 및 성인들의 경우에는 인터넷이 공감에 가하는 잠재적 악영향으로부터 보호된다고 한다.[32] 현실 세계에서 인간관계가 거의 없거나 그저 피상적인 관계만 맺고, 이를 온라인상의 관계로 대체하려는 사람들의 경우에는 인터넷 사용이 인지적 공감과 정서적 공감 능력에 손상을 입히는 것으로 나타났다. 현실에서 깊고 단단한 관계를 유지하는 인터넷 사용자들은 인터넷 사용으로 오히려 공감의 능력을 추가적으로 발전시키기도 한다. 신체적 장애 같은 외부의 어려움 때문에 사회적 접촉을 시작하고 유지할 다른 좋은 방법이 없는 사람들의 경우에도 이와 동일한 결과가 나타났다.

이빨도 있고 갈등도 있는
'새로운 계몽'과 '좋은 삶'

의미 지향적이고 인간 친화적인, 에우다이모니아적인 '좋은 삶'은 마르쿠스 가브리엘이 환기시킨 '새로운 계몽'을 인류학적으로 보충하는 상호 보완적 맞상대라 할 수 있다.[33] 이제 우리는 불가피한 현실을 부정하는 세계에서, 거짓 정보와 광기가 넘치는 혼란스러운 세계에서 고요하고 신중하며 사려 깊은 세계로, 이성이 통제하는 분별 있는 현실 세계로 돌아와야 한다. 지금 우리는 세계화로 인해, 그리고 기후 변화로 인해 우리에게 부과된 거대한 정치적·사회적 변화 앞에 서 있다. 이런 변화들은 필연적으로 적응을 수반할 것이며, 이러한 적응이 일으키는 작용은 국가들뿐만 아니라 개별 인간의 삶에까지 지대한 영향을 끼칠 것이다.

사회적으로 공정한, 그리고 자연 친화적인 세계 질서를 수호하는 것은 의미 지향적인 생활양식과 상호 의존적이다. 다시 말해 하나가 없으면 다른 하나는 실현될 수 없다. 우리가 지구의 자원을 공정하게 배분하고 우리에게 주어진 자연 환경을 보호하려 한다면, 사적인 생활양식의 변화는 필수적이다. 이 변화는 소비주의에서 벗어나 친환경으로 향하며, 우리의 정신 건강과 신체 건강에 유익한 쪽으로 향해야 한다. 무엇보다 자발적이고도 의도적으로 실행되는 프로젝트여야 한다. 끝내 스스로에게 규제를 강요해야 할 만큼 상황이 절박해질 때까지 마냥 기다려서는 안 된다. 오히려 반대로 공정에 관한 세계 정치의 도덕적 기준을 하의상달 식으로 관철시켜야 한다. 즉 수많은 사람이 아래에서 위로 요구하면서, 필요한 경우 투쟁하고 쟁취하는 과정을 통해 확

고한 기준을 세워야 한다. 그러므로 '새로운 계몽'과 에우다
이모니아는 동전의 양면이다.

정치적·개인적 차원에서 이루어지길 기다리고 있는 변
화들은 결코 갈등에서 자유로울 수 없다. 이들의 가장 막강
한 적수는 변화에 대한 두려움, 포기하려는 마음, 관습과 안
락을 고수하려는 아집, 교육과 교양의 부족이다. 일상에서
우리는 이런 적수들을 지극히 평범한 무지로 마주치곤 한
다. 이러니 우리의 일상은 분쟁 지역이라 할 만하다.

'새로운 계몽'과 에우다이모니아가 공동으로 진행하는
이 프로젝트는 다소 비장하게 말하자면 360도 전방위에 걸
친 참여와 책임을 뜻한다. 사적인 생활양식에서 변화를 감
행하는 이른바 개척자들은 수년 동안 비방과 비웃음을 집
중 포화로 맞게 될 것이다. 하지만 그러는 사이 상황은 달라
지기 시작한다. 조롱받던 이들이 차츰 주류가 되고, 비윤리
적인(이를테면 육식 산업 같은) 상대는 점차 비주류가 되어 변
방으로 밀려나게 된다. 환경에 극도로 해롭기 때문이다. 개
인적 차원에서 반드시 필요한 대전환은 끝이 없으며, 앞으
로도 개척자들의 대단한 용기를 필요로 한다.

개인적 차원과 달리 정치적 차원의 변화는 전개가 훨씬

더디다. 한편으로는 민주주의의 원칙과 과학적 지식을(그러니까 계몽의 가치를), 다른 한편으로는 인간성과 사회 정의 및 문화를(즉 에우다이모니아의 기본 원칙을) 약속한 국가들은 강력한 상대와 대립하게 된다. 이는 유럽의 경우, 독일의 알라이다 아스만Aleida Assmann을 비롯해 많은 학자가 지적하듯이 연합된 민주적 유럽을 더욱 강화하고 보호해야 할 이유이기도 하다.[34] 계몽의 가치와 에우다이모니아의 원칙은 보편적이고 모든 인간에게 적합하며 인류학적으로 정해진 것들이다. 정치적 차원에서 맞닥뜨리고 있는 도전 가운데 하나는, 현재 독재 체제나 근본주의 신권 정치, 혹은 부족주의 위계 질서가 지배하는 곳의 경우 먼저 민주주의 체제가 형성되어야 비로소 정치적 변화가 가능하다는 점이다.

하지만 독재가 '새로운 계몽'과 에우다이모니아의 유일한 적은 아니다. 독재 못지않게 위험한 적수로 통제 불능 상태에 빠진 세계 금융 시장이 있다. 여기에 내재된 자본 증식이라는 마력은 지난 30여 년간 엄청난 파괴력을 발휘하며 실물 경제 영역과 건강 및 보건 영역에서 일하는 사람들에게 심각한 해를 가했다.[35] 뿐만 아니라 어마어마한 환경 파괴를 이끌어냈다. 번성하는 기업과 건강한 노동자 그리고 효과적인 환경 보호는 우리가 금융 시장의 고삐를 조이지 않으면, 다시 말해 제대로 제어하지 않으면 결코 얻을 수 없다. 우리가 절박하게 해결해야 할 과제다.

의미 지향적인 삶, 문화적 창의성과 교육, 생산적인 노동, 상호 지지와 지원, 그리고 공정과 정의를 반기고 기꺼워하는 '인간애'는 우리가 누차 다시 되새겨야 할 인류 불변의 상수이다. 두려움과 무지, 그리고 이들과 함께 나타나는 탐욕, 공격성, 불공정 등의 악덕은 스스로 재생산되는 경향이 있다. 그렇지만 우리는 이 재생산의 고리를 끊을 수 있다. 교육을 통해서, 의미 지향적 삶의 태도를 통해서, 시민적 용기를 통해서, 자유와 이성을 위해 싸우려는 투지를 통해서. 간단히 말해 '새로운 계몽'과 '좋은 삶'을 형성하는 모든 것을 통해서 말이다.

부록

2021년
카루스 강연 내용

독일의 두 심신의학회[1]는 매해 여는 연례 회의를 '카루스 강연_{Carus Lecture}'이라는 명칭의 축하 연설로 시작한다. 2021년 카루스 강연 연단에 설 영예는 나 요아힘 바우어에게 주어졌다. 카루스 강연은 자연과학의 기초를 세운 학자 중 하나이자 치료 의학에도 몸담았던 의사, 카를 구스타프 카루스(Carl Gustav Carus, 1789~1869년)를 기억하고 기념하기 위한 것이다. 150여 년 전에 그가 내세운 다수의 개념과 사상은 이 책의 내용과도 밀접한 관계가 있다. 그런 이유로 내가 카루스 강연에서 발표했던 내용을 특별히 여기에 실을까 한다. 카루스는 작센 출신으로, 라이프치히에서 의사로서 첫 발걸음을 내디딘 다음, 드레스덴으로 옮겨 일하다가 그곳에서 생을 마감하고, 거기에 묻혔다.

위기 시대의 '자아'

카를 구스타프 카루스는 생전에 명망 높고 존경받는 의사이자 대학교수였다. 대문호 요한 볼프강 폰 괴테 및 대학자 알렉산더 폰 훔볼트와 동시대를 살았으며 두 사람과 친분도 있는 사이였다. 독일의 두 심신의학회가 매년 '카루스 강연'으로 연례 회의를 개회하며 그를 기억하고 존경을 표하는 이유는 그가 환자의 인격, 즉 환자의 '자아'에 의학적 고통을 극복하는 데 매우 중요한, 거의 핵심적인 역할을 부여했기 때문이다. 그런데 카루스가 환자의 인격에 부여한 의미를 전체적으로 파악하지 않고, 인간의 몸을 의학적 치료의 토대로 보았던 그의 견해에 방점을 찍지 않고, 그저 인격의 중요성만 부각하면 카루스는 완전 잘못 그려질 수 있다. 현대 심신의학은 카루스와 마찬가지로 두 가지, 그러니까 환자의 인격과 신체를 모두 눈여겨본다.

카를 구스타프 카루스는 프랑스 혁명이 일어난 1789년에

라이프치히에서 태어났다. 거기서 그는 토마스학교Thomasschule
를 다녔으며, 이후 대학에 들어가 처음에는 자연과학을 공
부하다가 나중에는 의학을 공부했다. 당시 의학을 주도하던
(오늘날로 치면 분자생물학과 신경과학 같은) 분과는 해부학과
병리학이었다. 철학과 의학에서 박사학위를 받고 강의 허
가 자격인 베니아 레겐디Venia Legendi를 취득한 그는 라이프치
히에서 전임 사강사(Privatdozent, 교수직 없이 독립적으로 학생
들을 가르칠 수 있는 지위)로 지내며 비교해부학을 가르쳤다.
동시에 그는 빈곤한 이들을 돌보는 의사로도 활동했다.

    1814년, 스물다섯 살에 그는 드레스덴 왕실 조산학교의
초빙을 받았으며, 얼마 지나지 않아 그곳 부인과 교수가 되
었다. 1820년에는 독일어로 된 최초의 부인과 교과서를 펴
냈다. 카루스는 독일어권에서 처음 부인과Gynäkologie라는 개념
을 창안한 사람이기도 하다. 몸과 정신 사이의 상호 작용에
주목한 그는, 자신의 전문 분야인 부인과를 통해 이를 더욱
날카롭게 다듬었을지 모른다. 이렇게 덧붙일 수 있는 이유
는, 나도 예전에 부인과에서 〈심신의학적 관점으로 본 자궁
부속기 염증Psychosomatische Aspekte der Adnexitis〉이라는 박사 논문을 썼
기 때문이다. 당시 내 지도 교수는 프라이부르크 대학병원

산부인과 전문의 디트마 리히터 Dietmar Richter 였다.

카루스를 비롯해 동시대 의사들이 관심을 쏟았던 질병 중에는 오늘날의 병원에서도 여전히 많이 접하는 만성 고질병 외에 전염병이 있었다. 괴테는 세 명의 형제자매를 천연두로 잃었고, 그 또한 두창바이러스에 감염되어 천연두를 심하게 앓았다. 카루스는 라이프치히에서 티푸스에 걸렸다가 가까스로 살아남았다. 전염병에 대한 강력한 예방법과 치료법은 카루스가 세상을 떠나고도 수십여 년이 지난 후에야 미생물학의 발전과 항생 물질의 발견으로 비로소 가능해졌다. 따라서 그가 살던 시대에는 아직 아무것도 보이지 않았다.

세균학의 아버지라 불리며 전염병의 원인 규명에 기여한 로베르트 코흐는 1905년에 노벨상을 받았다. 항생 물질은 20세기 중반에야 비로소 시장에 나왔다. 카루스가 생애 처음으로 천연두 접종을 접한 18세기 말을 제외하면, 미생물학이 비약적으로 발전하기까지는 100년을 더 기다려야 했다. 19세기 말이면 1869년에 생을 마감한 카루스가 드레스덴의 공동묘지에 묻히고도 한참 뒤니까 말이다. 사는 동안 치료를 위한 다른 선택지가 없었던 의사 카루스는 자연스레 관심의 초점이 '건강보존학Gesunderhaltungskunde'에 맞춰질 수밖에 없었다. 그가 스스로 이름 붙인 건강보존학은 오늘날로 치면 예방의학과 면역 체계 강화라고 할 수 있다.

치료 방법에 한계가 있었던 당시의 이런 배경으로 인해 카루스 시대의 의사들은 진단 및 치료의 중점을 식이요법, 수水 치료, 물리 치료, 그리고 카루스가 말한 삶의 기술Lebenskunst, 즉 건강에 이롭게 살아가는 기술로 옮길 수밖에 없었다. 그는 질병을 '자기 생애를 가진 살아 있는 총체'로 인식했다. 이처럼 인류학적 특징이 두드러지는 의료계 분위기속에서 각 환자를 위한 이른바 '치료 계획Heilplan'이 생겨났다.

독일연구협회Deutsche Forschungsgemeinschaft, DFG의 전 회장 볼프강 프뤼발트Wolfgang Frühwald가 2008년 카루스 강연에서 말했듯이 "이 치료 계획에는 각 인간의 전 인격과 그로 인한 신체적·정신적 상호 작용이 신체 기능을 강화한다"는 생각이 담겨 있었다. 프뤼발트는 카루스에 의해 특징지어진, 개인의 인격에 초점을 맞춘 당시의 의료계를 "개인성의 시대"라고 명명했다. 프뤼발트의 말을 재차 인용하자면, 그는 이 "'개인성의 시대'가 비슷한 시기에 서서히 등장한 '증기와 기계의 시대' 그리고 '기술의 시대'로 교체되었나"고 보았다. 이러한 새 시대의 등장은 의학계에 불행한 결과를 가져왔다. 말하자면 의학적 치료법의 재산 목록에서 환자의 인격 내지는 정신을 '처분해'버린 것이다. 카루스는 이런 시대가 오리라 예감했다. 그는 "내가 평생 중요시 여긴 질병에 대한 이해가, 인간의 병이 자기 생애를 사는 총체라는 사실을 명백히 외면하는 근대로 인해 거부당하는 느낌이 들었다"고 말했다.

의학에서 인격이 사라질 위기, 환자의 '자아'가 등한시될 위험은 비단 카루스만의 걱정에 그치지 않는다. 오늘날의 현대 의학에서도 수반되는 문제다. 이에 관해 나는 개인적인 고찰을 세 부분으로 나누어 자세히 이야기할까 한다.

첫 번째 부분에서는 정신을 보다 명확히 설명해보려 한다. 사회신경과학은 최근 수년 동안 인격이, 즉 한 인간의 '자아'가 정신적 실재일 뿐만 아니라 생물학적 실재이기도 하다는 사실을 명료히 밝혀냈기 때문이다. 두 번째 부분에서는 카루스의 개념인 '삶의 기술'과 연결되는 의미 지향적인, 에우다이모니아적인 삶의 태도를 위해 인간이 들이는 노력이 생물학적 변수(유전자 활동의 조절까지 불러오는)에 톱다운 작용을 일으킬 수 있다는 사실을 보다 구체적으로 다루려 한다. 세 번째 부분에서는 자연이 인간의 건강에 어떤 의미를 지니는지 논할까 한다. 카루스 역시 질병을 극복하는 데 있어 환자의 사적인 삶의 태도뿐만 아니라 자연도 중요한 역할을 한다고 보고 상당한 의미를 부여했다.

인격의 실재: 신경적 자아 연결망의 탐색과 탐구

2002년 8월, 윌리엄 켈리William Kelley 교수와 매사추세츠공과대학의 동료 연구진은 저명한 학술지《인지신경과학저널 Journal of Cognitive Neuroscience》에 논문을 하나 발표했다. 이들은 탁월한 실험 설계와 기능적 자기공명영상fMRI 기술을 적용해 인간이 소위 정신화Mentalization라고 부르는 정신 활동을 할 때 활성화되는 신경망을 성공적으로 그려냈다. 이를 통해 자아 연결망(논문의 공식적인 영어 표현은 'Self Networks')을 이루는 핵심 요소들이 두뇌의 복내측 전전두엽 피질Ventromedial Prefrontal Cortex, vmPFC, 다시 말해 인도 여성들이 눈썹 사이에 찍는 붉은 빈디 점 뒤쪽 영역에 본거지를 두고 있다는 사실이 밝혀졌다. 신경과학과 무관한 사람들을 위해 나는 일부러 이해하기 쉽게 표현했으며, 복내측 전전두엽 피질은 '전두엽의 아래층'이라 누차 설명했다.

누군가 자신이 어떤 사람인지, 어떤 특성을 가지고 있는지, 무엇을 추구하는지에 대한 질문을 받았을 때 솔직하고 제대로 된 답변을 하려면, 스스로 자신을 어떤 사람이라고 생각하는지에 관한 정보들이 저장되어 있는 뇌의 기억 창고를 뒤적이며 끄집어내야 한다. 자아 연결망은 바로 이 창고다. 다른 여러 학자들이 추가로 진행한 후속 연구들은 윌리엄 켈리의 연구진이 내놓은 결과를 재차 입증하며, 아울러 이 자아 연결망에 저장된 정보들이 현재의 기분을 비롯해 자신의 성격적·신체적 특성에 대한 자기 평가와도 관련되어 있음을 밝혔다.

현대 신경과학에서 '자아'라 부르는 것은 당연히 정신 전체가 아니라 한 인격의 정신 가운데 자기 성찰 및 반성을 할 수 있는 부분을 뜻한다. 이 지점에서 우리는 신경적 자아 체계가 또 다른 두 가지 구조에도 속한다고 말할 수 있다. 하나는 전두엽의 '위층', 그러니까 배외측 전전두엽 피질 Dorsolateral Prefrontal Cortex, dlPFC에 위치한 비판적 자기 관찰의 기능을 담당하는 신경망이다. 프랑스의 한 학자가 연구를 통해 밝혀냈듯이 주요우울증(Major Depression, 일상생활에서 나타나는 주요 정서장애)에 시달리는 사람들은 자기 평가가 이루어지는 이 '위층'의 신경망이 과잉 활성화된다. 자아 연결망이 속한 또 다른 신경 체계 구조는 두뇌의 뒷부분에 있는 이른바 후방 대상 피질Posterior Cingulate Cortex, PCC로, 일대기적 관점의 '자아'가 주로 저장되는 신경망이다.

지금까지 언급한 자아 연결망의 세 가지 요소는 서로 연결되어 있다. 신경과학에서 말하는 '자아'의 개념은 심리학이나 정신분석학에서 확고하게 부르는 명칭과 대립하지 않으며, 무의식의 존재를 부인하지도 않는다. 전두엽 아래층에 위치한 신경적 자아 체계의 핵심 통제실은 두뇌에서 감정에 관여하는 모든 중추와 연결되어 있다. 불안 중추(편도체), 동기 중추(복측 선조체Ventral Striatum), 스트레스 반응축(시상하부) 그리고 뇌간과도 이어져 있다. 신경과학에서 지칭하는 '자아'는 안으로부터 오는 메시지, 즉 자신의 신체로부터 온 메시지나 밖에서 들어오는 메시지, 즉 사회적 맥락에서 들어온 메시지를 인식하는 담당자라고 할 수 있다. 신경과학에서 칭하는 '자아'는 안과 밖을 중계하는 역할을 한다.

인간의 자아 체계가 지닌 아주 흥미로운 측면 중 하나는 사람이 스스로에 대한 정신화가 아닌 타인에 대한 정신화, 즉 자신에게 특별히 가까운 사람에 대해 정신 활동을 할 때에도 이곳의 신경망이 활성화된다는 것이다. 하버드대학교의 제이슨 미첼Jason Mitchell 교수와 그의 연구팀은 자신에 대한 표상이 저장된 PFC '아래층'의 신경망을 관찰하며, 가까운 타인에 대한 표상을 저장하는 신경망과 일부 겹쳐진다는(부분적으로 동일하다는) 사실을 발견했다. 이는 다른 연구팀에 의해서도 확인이 되었다. 다시 말해 '자아'와 '중요한 타인', '나'와 친밀한 '너'는 신경적으로 결합되어 있다는 뜻이다.

자아가 형성되는 과정을 떠올려보면 이는 그리 놀랍지 않다. 자아는 갓난아이와 애착 인물 사이에 공명적 상호 작용이 이루어지면서 처음으로 생성되니까 말이다. 자아의 첫 번째 구조가 형성되는 생애 첫 2년 동안 거울 신경세포 체계는 매우 중요한 역할을 담당한다. '자아'와 중요한 '너' 사이의 신경적 결합이란 우리가 자아상을 불러내면 우리도 모르게 중요시 여기는 타인에 대한 표상도 함께 딸려온다는 뜻이다. 그건 반대로도 마찬가지다.

사회적 관계의 담당자로서 자아 체계의 역할을 가시화한 흥미진진한 신경과학적 연구도 있다. 하버드대학교의 레아 서버빌Leah Somerville 교수와 그의 동료 연구진은 신경적 자아 체계가 타인이 우리를 두고 하는 평가적인 표현에 매우 민감하게 반응한다는 사실을 밝혀냈다. 사적 평가가 담긴 타인의 발언으로 인해 자아 체계에서 일어나는 공명 반응은 자신이 사회적으로 인정받는다고 느끼는지 혹은 사회적으로 거부당한다고 느끼는지에 따라 현저하게 달라진다.

예를 들어 한 사람에게 자기 자아를 표현할 기회를 주면, 구체적으로 말해 실험 대상자에게 (그가 의미 있게 여기는 주제에 관한) 자기 생각과 감정을 드러내도록 하면서 동시에 주의 깊게 들어주면 동기 체계가 활성화된다. 이 동기 체계는 카루스의 시대에 생기 또는 활력으로 불린 것의 신경생물학적 토대이기도 하다. 사회적 공명이 일어나지 않으면 자아는 위기에 빠지고 만다. 그 결과, 불안과 우울함이 따라오게 된다. 우리가 지난 수개월 동안 경험했듯이, 인간의 생명을 코로나 바이러스로부터 지키기 위해 부득이하게 강제로 시행된 높은 수준의 사회적 격리처럼 말이다.

이처럼 자아 연결망은 사회적 관계의 담당자로서 특별한 의미를 지니는데, 이는 의사의 진료나 심리 치료에서도 두드러진다. 환자의 행동을 변화시키려는 목적을 달성하기

란 다들 알다시피 결코 쉬운 일이 아니다. 아마 카루스에게
는 각 환자에게 맞는 개별 '치료 계획'을 가지고 버티는 길
외에는 없었을 것이다. 당시의 의학 진료 및 치료는 장기적
으로 이루어졌으니 말이다. 프뤼발트가 2008년 카루스 강
연에서 말했듯이, 그래서 "그 당시 의사들의 뛰어난 특성 중
하나는 아마 인내였을 것"이다. 다른 말로 표현하면 그 시대
의 '치료 계획'은 의사와 환자 사이의 관계에 따라 성취 여
부가 갈렸을 것이다.

이를 바탕으로 한 에밀리 포크Emily Falk와 그의 동료들의
연구 조사 및 분석 결과는 굉장히 인상적이다. 이들의 논문
은 《미국국립과학원회보》에 게재되었는데, 포크와 그의 연
구진은 환자들을 대상으로 본래의 목적을 달성하기 위한
치료 작업을 시작하기 전에 환자들이 각자의 자아에 깊이
들어갈 수 있는 기회를 제공했다. 상담 치료사가 함께한 자
리에서 그들이 소중하게 여기는 극히 개인적인 가치와 살
면서 그들에게 중요한 영향을 미친 인간관계에 대해 털어
놓게 했다. 이른바 '자기 가치 확인'이라 불리는 자기 자신
과의 만남을 상담 치료 전문가와 함께 진행하고 난 후 원래
의 계획대로 치료 작업에 돌입하자 훨씬 더 경과가 좋아졌

다고 한다.

이런 '자기 확인'이 일어날 때 활성화되는 신경 구조가 무엇인지 살펴보았더니, 바로 vmPFC에 자리한 자아 연결 망이었다. 즉 전두엽 '아래층'이 활성화되었다는 것이다. 자아 연결망은 우리의 '자아'뿐만 아니라 우리 안의 깊은 신념과 확신 그리고 가치관을 나만의 것으로 암호화하여 저장한다. 이런 신념, 확신, 가치관이 생물학적 변수에 톱다운 작용을 일으킨다는 사실은 내 개인적 고찰의 두 번째 주제이기도 하다.

'자아'가 유전자 활동 패턴에 미치는 영향

이어서 나는 자아와 가치관이 '내면의 의사'로서 중요한 의미를 가진다는 점을 확실하게 보여주려 한다. 즉 오래전 카루스가 초안을 그린 인격과 '삶의 기술'이 건강의 유지 또는 회복에 미치는 중요성에 대해 구체적으로 이야기할까 한다.

젊은 시절, 내가 염증전달물질과 그 유전자를 찾으려고

연구에 매진하던 때만 해도 염증 발생 과정을 탐구하는 일이 훗날 전 의학계에 얼마나 큰 의미를 가져다줄지 전혀 알 수 없었다. 염증은 양면을 가진 동전과도 같다. 급성 염증은 결국 좋은 결과를 불러오는 데 도움이 된다. 즉 감염이나 상처를 극복하게 한다. 비록 코로나 바이러스처럼 우리 인간을 심한 병에 걸리게 만들거나 심지어 때로는 죽음에까지 이르게도 하지만 말이다. 그런데 만성적인 아급성 염증은 상황이 완전히 다르다. 이 경우 우리 몸은 수년 동안 거의 아무것도 느끼지 못한다. 즉 거의 아무런 신체적 통증도 없다가 갑자기 심근 경색이나 뇌졸중, 암이나 치매 등의 문제가 불거지며 진단이 확정된다. 이런 질환들은 대개 염증전달물질을 생성하는 유전자 집단이 몇 해 동안 숨은 채로 은밀히 눈에 띄지 않게 활동한 결과물이다.

나는 1980~1990년대에 이 염증전달물질 가운데 하나인 인터루킨-6를 발견하고 추가 연구에 참여하기도 했다. 이와 같은 종류의 주요 전달물질로는 종양괴사인자Tumor Necrosis Factor와 인터루킨-1을 비롯해 몇 가지가 더 있다. 현대 유전공학 기술은 인간의 몸에서 은밀히 움직이며 아급성 염증을 불러일으키고 심혈관 및 암 질환, 치매의 위험을 높이는 전 유전자 집단의 활동을 측정할 수 있는 수준에 이르렀다. 이들 '악당 유전자' 무리를 일컬어 'CTRA 유전자'라고 한다. CTRA란 역경에 대한 보존 전사 반응Conserved Transcriptional Response to Adversity으로, 염증 반응은 증가하는 반면 항바이러스 반응은 감소하는 현상을 말한다.

인상적인 연구로 세계의 이목을 집중시킨 바버라 프레드릭슨과 스티븐 콜은, 의학적으로 건강한 사람들이 내면의 태도가 의미 지향적이고 에우다이모니아적이며 사회 친화적인 경우 CTRA 유전자의 활동이 비활성화 내지는 감소한다는 사실을 밝혀냈다. 이와는 달리 의학적으로 건강하더라도 쾌락주의적 자세를 견지한, 즉 자기만을 위한 단기적 행복을 추구하는 경우는 CTRA 유전자의 활동이 활성화 내지 증가하는 것으로 나타났다.

두 사람의 연구는 저명한 학술지《미국국립과학원회보》에 게재되었음에도, 결과로 나온 데이터가 너무 극적인 나머지 몇몇 학자들의 의심을 샀다. 그리하여 두 사람은 새로운 실험 집단을 대상으로 관찰과 연구를 반복했다. 그리고 복사한 듯 같은 결과를 얻었다. 다른 학자들도 이들을 따라 추가 연구를 진행했고, 역시나 동일한 결과를 얻었다. 인간의 내적 태도가 톱다운 방식으로 유전자에 영향을 미치는 것이 아니라, 반대로 유전자 활동 패턴이 보텀업으로 내적 태도를 결정하리라는 반론은 뒤이은 연구들에서 아예 자취를 감추었다.

이렇게 진행된 여러 연구 가운데 하나는 다음과 같은 결과를 얻었다. 학교에서 소외된 학생들을 위한 멘토 봉사 활동에 자발적으로 참여한 (건강한) 사람들은 9개월 동안의 멘토 활동이 끝난 후 이전에 경험하지 못한 새로운 삶의 의미를 느꼈다고 스스로 평가했을 뿐만 아니라, CTRA 유전자의 활동도 현저히 줄어든 것으로 나타났다.

내가 속한 프라이부르크 대학병원의 정신신경면역학 연구팀이 알츠하이머 환자들을 대상으로 연구한 결과도 이와 일맥상통했다. 우리 연구팀은 최초로 '악당' 무리에 해당되는 인터루킨-6가 알츠하이머 환자들의 뇌에서 발견된다는 사실을 밝혀냈으며, 이로 인해 나는 독일생물학및정신의학회Deutsche Gesellschaft für Biologische Psychiatrie에서 수여하는 오르가논 상Organon Preis을 받았다.

신경생물학적 연구를 하는 동시에 우리는 비유전성 알츠하이머병에 걸린 환자들을 대상으로 일생의 이력을 면밀히 살펴보는 작업도 진행했다. 그리고 우리는 놀랍도록 일치하는 하나의 패턴을 발견했다. 연구 대상자의 이력을 살펴보고 분석한 결과, 생의 초기와 청장년기에 트라우마라고 칭해질 만큼 막중한 심리적 충격을 경험했다는 사실을 알 수 있었다. 또한 어린 시절에 겪은 트라우마는 '자아'의 약화로 이어졌으며, 이는 성인이 되었을 때 능력 있는 연인이나 배우자를 찾는 성향으로 이어졌다. 즉 기대고 의존할 수 있는, 일상에서 내리는 결정의 대부분 맡길 수 있는 상대를 찾는 경향을 보였다는 것이다. 이어서 수십여 년이 지나 알츠하이머병으로 의심되는 증상이 맨 처음 나타나기 얼마 전에는 환자가 살면서 절대 피하고 싶었던, 극한의 불안을 불러일으키는 변화가 발생했다. 다시 말해 그때까지 환자에게 매우 중요했던 의미의 구조물이 무너졌다는 뜻이다. 우리는 이 연구 결과를 《의학적 심리학Medizinische Psychologie》 연감에 발표했다.

하지만 안타깝게도 알츠하이머병 연구는 1990년대부터 아밀로이드 가설에 갇혀 벗어나지 못하고 있다. 그런데 이는 알츠하이머병을 처음 발견한 알로이스 알츠하이머조차도 자신의 후속 논문에서 타당한 이유를 들어 완전히 접은 가설이기도 하다. 나의 제자로 박사과정에 있는 에바 베커는 2018년에 나를 비롯한 다른 여러 동료들과 함께 이와 관련된 메타 분석 논문을 《영국 정신의학 저널British Journal of Psychiatry》에 게재했다. 무엇보다 이 논문은 만성 불안이 치매 발생에 매우 큰 영향을 미치는 위험 요인이라는 사실을 입증했다.

자연과의 일체가 불러오는 생명력

이제 내 개인적인 고찰의 세 번째 부분으로 들어갈까 한다. 우리는 지난 2년 동안 코로나 팬데믹으로 고통스러운 경험을 했다. 거리 두기로 인해 사회적 접촉이 중단되었고, 스테이앳홈(Stay at home, 집에 머무르기)과 같은 조치들로 인해 자연과 타인으로부터 분리되었다. 이런 것들 또한 '자아'를 위기로 이끌 수 있다.

이 명제를 역으로 검증하기란 그리 어렵지 않다. 바로 요즘 우리가 겪고 있는 상황을 떠올리면 된다. 즉 제약이 점차 풀리면서 사회적 접촉이 활발히 재개되고 있을 뿐만 아니라 녹지와 공원, 도시 주변의 풍광 좋은 지역들도 다시 인파로 붐비고 있지 않은가. 이처럼 우리가 '정상' 상태로 되돌아오는 것은 놀랍기도 하지만, 다른 한편으로는 두렵기도 하다. 자연과 우리 사이의 (근본적으로 망가진) 관계가 전혀 달라지지 않은 채 코로나 팬데믹에 크게 기여한 공리주의적이고 소비지상주의적인 자세로 다시 돌아오지 않을까 걱정된다.

2018년 4월, 그러니까 코로나 팬데믹이 시작되기 20개월 전, 아네타 아펠트Aneta Afelt와 로저 프루토스Roger Frutos 그리고 크리스티앙 드보Christian Devaux는 과학 전문 잡지 《미생물학 프런티어스Frontiers in Microbiology》에 기고한 논문을 통해 머지않아 코로나 팬데믹이 일어날 것이라고 예측했다. 이들은 왜 이런 예측을 내놓게 되었을까? 이는 논문의 제목에 이미 드러나 있다. '박쥐, 코로나 바이러스, 그리고 삼림 남벌: 새로운 전염병의 출현을 향해 가고 있는가?Bats, Coronaviruses, and Deforestation: Toward the Emergence of Novel Infectious Diseases?'

여기서 나는 코로나 팬데믹 발발 당시 각 국가의 준비가 왜 그리 부족했는지 물을 생각은 없다. 내가 정말 하고 싶은 질문은 훨씬 더 일반적이나. 어떻게 우리 모두는 사건이 진행되는 과정을 멍하니 바라보며 무언가 균열이 시작될 조짐을 하나도 감지하지 못했을까? 지구 생태계의 위태로움을 보여주는, 기후 변화와 그 원인을 말해주는 모든 데이터와 실상을 잘 알고 있었음에도 말이다. 이런 무시와 방치가 인간관계 영역 안에서 일어난다면 아마 우리는 공감의 결여라고 말할지도 모른다. 건강을 유지하려면 우리는 같은 인간들과의 공감은 물론이고 자연과의 공명도 필요하다. 이는 내가 2020년 11월 손자 헨리Henry에게 헌정하며 펴낸 저서 《세상이 느끼는 것 느끼기Fühlen, was die Welt fühlt》에 담긴 핵심 논지이기도 하다.

카를 구스타프 카루스는 인간과 자연의 공명이 가능하며 치료에 도움이 된다고 확신했다. 그는 자신의 저서에 다음과 같이 표현했다. "어디로도 치우치지 않는 마음은…… 자연과 어울리며 살려고 애쓰는 노력을 통해 고무되고, 순수한 아침 햇살과 밝은 봄날을 통해 생기를 얻는다. 맑고 푸른 여름 공기와 초록 잎이 가득한 고요한 숲을 통해 밝아지고 또 차분해진다." 볼프강 프뤼발트는 2008년 카루스 강연에서 카루스의 《풍경화에 관한 편지와 수필Briefe und Aufsätze über Landschaftsmalerei》 내용을 인용하며 바로 이 구절에 주목해 '내부와 외부의 서신 왕래'라는 개념을 꺼냈다. 프뤼발트가 당시의 배경을 고려해 고른 '내부와 외부의 서신 왕래'라는 아름다운 개념은 내가 공명이라 칭한 것을 멋지게 옮긴 표현이라 할 수 있다.

인간이 "온 자연과 이기적인 관계를 포기하고 순수한 시선으로 온 세계를 바라보기 시작해야 한다"는 카루스의 말을 오늘날에 적용하면, 자연을 공리주의적으로 이용하는 대신 방향을 돌려 내면의 문을 열어 자연의 위대함을 인식하고 경탄할 준비가 되어 있어야 한다는 뜻이다. 카루스는 낭만주의 화가 카스파르 다비드 프리드리히와도 친분이 두터웠을뿐더러 자신 또한 훌륭한 풍경 화가였다. 하지만 그에게 풍경화는 의학과 동떨어진 고상한 취미가 결코 아니었다. 의학의 일부이자 의술의 한 요소였다. 그는 "풍경이 단독으로 마음에 미치는" 치유 효과를 확신했다.

인간의 신체적 건강(A), 인간관계의 질(B), 자연과 인간의 관계(C)는 상호 의존적인 삼각관계를 이룬다. 기후 변화가 인간의 건강에 직접적인 위협이 된다는 사실은 그저 단편적인 것에 불과하다. 최근의 연구는 자연과의 공명적 관계로 되돌아가는 것이 인간 사이의 친화력 및 공감 능력을 북돋을 수 있다는 데 초점이 맞춰지고 있다. 아울러 새로이 발표된 다수의 연구는 자연과 일체감을 느끼는 것이 직접적인 항우울 효과가 있으며, 스트레스를 줄여주고 전반적인 삶의 만족감을 높인다는 사실을 분명히 보여준다.

여러 국가에서 봉쇄 조치가 내려졌던 2020년에 일본에서 진행된 한 대규모 연구를 보면, 정신 건강(그중에서도 불안과 우울)에 작용하는 다양한 매개 변수들 가운데 뚜렷한 상관관계를 하나 발견했는데, 집의 창문을 통해 자연의 초록빛을 접할 기회의 유무였다. 그런 기회가 주어진 경우는 그렇지 않은 경우에 비해 정신 건강 측면에 있어서 확연한 차이를 보였다.

2020년 말《네이처Nature》의 자매지인《사이언티픽 리포트Scientific Reports》에 실린 연구 사례도 살펴보자. 멜리사 마르셀Melissa Marselle은 라이프치히 시내 전역의 항우울제 처방 건수와 해당 환자들이 거주하는 지역의 가로수 그루 사이의 연관성을 연구했다. 그 결과, 나무가 비교적 적게 심어진 곳에 거주하는 사람들은 항우울제 처방 빈도가 현저히 높았다. 2021년 초에 발표된 유럽 26개 국가 2만 6000명을 대상으로 한 연구에서는 거주지 주변 환경에 존재하는 새들과 정신 건강 사이에 상관관계가 있다는 사실이 밝혀졌다.

우리가 이제 와서 다시 인간과 자연과의 관계에 관심을 가지며 새로 연구한 결과를 보고하는 모습을 본다면 카루스는 어떤 반응을 보일까? 내 생각에 아마도 그는 이런 평을 내놓을 것이다. 자신이 이미 200년 전에 《풍경화에 관한 편지와 수필》에서 모두 상세히 다뤘던 내용이라고, 오랫동안 등한시된 이 분야에 우리가 다시금 주의를 기울이게 되어서 참 다행이라고 말이다.

지금 우리는 위기의 시대를 살고 있다. 코로나 팬데믹이라는 극심한 위기를 가까스로 넘기고 있다. 물론 완전히 극복한 것은 아니지만 말이다. 이어서 새로운 도전들이 우리를 기다리고 있다. 기후 변화에 제동을 걸려면 우리의 행동 양식을 바꾸어야 한다. 무엇보다 우리의 이동 방식과 식습관에 변화를 주어야 한다. 우리가 새로 방향을 틀어야 하는 이 전환은, 인간이 자연과 관계를 맺어야 한다는 사실과 그 관계가 공감적이어야 한다는 사실을 확실히 깨닫고 또 깊이 느껴야 비로소 성공적으로 이루어질 것이다.

화석 연료의 소비를 줄이려면 우리는 할 수 있는 것보다 훨씬 더 많이 움직여야 한다. 이는 우리의 이병률과 사망

률에도 이로운 영향을 미칠 것이다. 지구의 거대한 숲을 남
벌하고 개간하는 일(특히 브라질과 동남아시아에서)을 끝내려
면 우리의 식습관, 다시 말해 식료품 소비 패턴을 바꿔야 한
다. 숲들이 개간되는 가장 큰 이유는 가축 사육지를 확장하
기 위함이다. 그러므로 우리는 지나치게 높은 육류 소비를
줄여야 한다. 아예 육식을 그만두는 것도 방법이다. 이 또한
우리의 이병률을 낮추며, 특히 심혈관 및 암 질환에 걸리는
비율을 줄여준다.

　　나는 우리 인간이 자연과의 공감적 관계를 재개하면,
(코앞에서 처리되길 기다리고 있는) 우리의 생활양식의 변화가
일종의 사랑에서 비롯되어 이루어지는 것이 얼마든지 가능
하리라고 본다. 생활양식의 전환이 이 지구뿐만 아니라 우
리 자신의 정신적·신체적 건강에도 이롭게 작용한다는 것
을 알게 되면, 언젠가 우리는 무언가를 발견하게 될지 모
른다. 내가 줄곧 '쾌락주의적 포기'라고 칭한 그 무언가를
말이다.

맺음말

위기의 시대에 우리 '자아'에게 가장 필요한 것은 공명이다. 특히 사회적 공명의 부재는 우리 인간을 위기에 빠뜨리며 아프게 만든다. 이는 기나긴 코로나 팬데믹을 통해 고통스럽게 증명된 우리 과학 분야의 신조Credo이기도 하다.

사회신경과학에서 얻은 새로운 지식과 깨달음은 그 옛날 카를 구스타프 카루스의 전체론적인, 치료에 환자의 인격을 포함시키는 접근법이 타당한 이유를 오늘날 우리가 더욱 잘 이해할 수 있도록 도와준다. 아울러 나의 관심사를 보다 분명히 해주었다. 우리가 이 위기에서 벗어나려면 인간 사이의 공명 외에도 자연과 공명할 수 있는 강력한 원천을 얻어야 한다고 말이다.

코로나 팬데믹 동안 경험한, 때로는 고통스럽기까지 한 자연과의 단절과 목전에 닥친 심각한 기후 위기를 이해하려면 카루스가 날카로운 통찰력으로 진작 파악한 것들을 다시금 들여다봐야 한다니, 참으로 놀랍지 않은가. 우리 인간이 자신의 건강을 지키고 유지하려면 무엇이 정말 중요한지 그는 이미 오래전에 깨달았으니 말이다.

요아힘 바우어의
직업적 성장 과정

나는 어릴 때부터 의사가 되고 싶었다. 슈투트가르트에 위치한 인문계 중고등학교 카를김나지움Karlsgymnasium에서 보낸 나날은 나의 성장에 아주 중요하고도 유익한 시간이었다. 그때 거기에는 긍정적인 자극을 주는 젊은 선생님들이 있었다. 그 가운데 한 분과는 수십여 년이 지난 지금도 감사한 마음을 잊지 않고 계속 인연을 이어가고 있다. 누구보다 특별했던, 학생들을 한 인간으로 바라봐주셨던 볼프강 힌커Wolfgang Hinker 선생님과의 만남은 내가 수년 뒤에 사회신경과학의 지식을 활용해 교사들을 지원하고 관계 지향적인 수업 과정을 마련하는 데 열의를 쏟는 토대가 되었다.

내가 의학을 공부한 남부 바덴의 프라이부르크는 역사

적으로는 오랫동안 합스부르크 왕조에 속해 있었으며, 빈 왕실의 지배를 오래 받기도 했다. 나는 그런 분위기가 여전히 느껴지는 것처럼 생각하고 행동했다. 대학생 시절의 나는 빌리 브란트Willy Brandt를 지지하며 정치적 활동에 참여했다(그는 훗날 동방 정책Ostpolitik으로 노벨 평화상을 받은 독일의 정치가이다). 네오나치(Neonazis, 신나치주의) 정당인 국가민주당 NPD에 맞서 데모를 하고, 지역 신문인 《바디쉐 차이퉁Badische Zeitung》에 논설을 쓰며, 비일Wyhl에 세우려던 원자력 발전소 계획에 반대하는 (성공적인) 반핵운동에 참여하기도 했다. 당시에는 녹색당Die Grünen이 아직 존재하지 않았다. 녹색당이 생겨날 무렵, 나는 의사국가고시에 매달렸다. 이후 나는 정치에 관심을 쏟을 시간이 더 이상 없었다.

나는 의학에 진심이었다. 프라이부르크 의과대학 교수들 가운데(그때는 거의 모두가 남성이었다) 지금까지도 유명한 내과 의사 볼프강 게록Wolfgang Gerok 교수는 단연 돋보였다. 환자들의 여러 임상 사진을 소개하는 내과학 강의에서 게록 교수는 우리에게 상당한 주의와 관심을 기울였는데, 그 모습이 정말 인상적이었다. 게록 교수는 당시 우리 의과대학에서 반항적인 학생들을 차분히 이해하고 소통하려 애쓴 유일한 사람이었다. 그때 나의 꿈은 나중에 게록 교수 곁에서 함께 일하는 것이었다. 그의 조교가 되려면 의사로서의 일 외에 연구 병동에서 추가적인 과정을 밟아야 했다. 여기에 '박사 후 연구원Postdoc'으로 2년을 더 수련해야 했다.

내과 의사이자 정신분석학자인 테오도르 페르디난트 하우Theodor Ferdinand Hau의 저녁 강의 또한 내게 특별한 수업 중 하나였다. 그는 심신의학적으로 문제가 있는 환자들의 임상 자료를 소개한 다음, 이를 가지고 우리 학생들과 깊이 논의했다. 그의 수업을 들으며 나는 정신분석이 의학의 소중한 자원임을 알게 되었다. 이어서 나는 하우 교수가 이끄는 정신분석연구소에서 여러 세미나를 들으며 정신분석적으로 초기 면담을 진행하는 방법을 배웠다. 이는 〈심신의학적 관점으로 본 자궁 부속기 염증〉이라는 박사 논문을 완성하는 토대가 되었다. 이 논문 작업은 정신분석 전문의이자 당시 프라이부르크 대학병원 산부인과 과장이었던 디트마 리히터의 지도를 받았다. 논문은 곳곳에 발표되었고, 교과서에 실리기도 했다.

의사국가고시를 마치고 나서, 먼저 나는 2년 동안 의사로서 집중 치료실에서 일했다. 오전에는 프라이부르크 로레토Loretto 병원에서 조교로 일하며 마취를 담당했고, 오후에는 집중 치료 병동을 맡았다. 인간적으로도 전문의로도 훌륭한 상사였던 울리히 파스만Ulrich Passmann 곁에서 나는 매우 많은 것을 배울 수 있었다. 이어서 나는 바트 크로징엔Bad Krozingen 심장센터의 집중 병동에서 일했고, 거기서 만난 헬무트 로스캄Helmut Roskamm에게서도 많은 가르침을 받았다.

그 와중에도 나는 계록 교수에게 가고 싶었다. 그러려면 2년짜리 생화학 연구 과정을 거쳐야 했다. 이는 그가 제안한 일종의 허가 조건이었다.

의사로서 대학에서 분자생물학 연구를 하려면 박사 논문을 관련 주제로 설정하거나 상당한 업적이 있어야 했다. 비록 알맞지 않은 주제의 박사 논문을 썼음에도 불구하고 다행히 나는 프라이부르크대학교 생화학연구소의 페터 C. 하인리히Peter C. Heinrich 교수가 이끄는 연구팀에 자리를 하나 얻을 수 있었다. 하인리히 교수를 비롯해 같은 조교인 폴커 그로스Volker Gross와 틸로 안두스Tilo Andus를 만난 것은 내게 커다란 행운이었다. 우리는 함께 염증 과정을 붙들고 씨름하며 염증전달물질 중 하나를 발견하는 작업에 매진했다. 면역 및 정신 과정에 중요한 역할을 한다는 사실이 후에 밝혀지고, 인터루킨-6라는 이름을 얻게 되는 전달물질 말이다. 우리의 연구 결과가 세계적인 학술지에 실리면서 나는 게록 교수에게 다가갈 수 있는 입장권을 따내게 되었다.

내과 의사로 지내던 시절은 부담스럽고 힘들었다. 아침마다 병동에서 일을 시작했고, 오후에는 연구실에 있다가 언제든 삐삐 호출을 받고 병동으로 달려갈 준비를 해야 했다. 게록 교수 곁에서 일하던 시절, 후에 연방의회 의장이 되는 정치인 볼프강 쇼이블레Wolfgang Schäuble가 암살 시도를 당하는 사건이 있었다. 이로 인해 그는 오늘날까지 휠체어에 의존해 살고 있다. 목숨이 위태로울 정도의 습격을 받았지만, 그럼에도 그가 비교적 건강하게 살아남을 수 있었던 것은 당시 그 대학병원을 이끌었던 게록 교수의 탁월한 치료 및 관리 덕분이었다. 게록 교수는 미국에서 추가로 연구 과정을 밟으려던 나의 바람을 적극 지지해주었다. 나는 독일 연구협회의 장학금을 받게 되었고, 미국의 여러 연구실로부터 초청을 받았다. 그중 나는 뉴욕에 위치한 마운트 시나이 병원의 조지 액스George Acs 팀을 택했다.

조지 액스는 헝가리 출신의 유대인으로, 젊은 시절 강제 수용소에 끌려갔다 살아남았으며, 1956년 소련 점령군에 맞선 헝가리 항쟁이 일어날 무렵 미국으로 이주해왔다고 한다. 우리의 첫 면담에서 나는 부끄러움에 대해 말했다. 비록 전쟁이 끝난 지 수년 뒤에 태어났지만, 그럼에도 그를 비롯해 전 유대인에게 독일인이 저지른 범죄적 행위에 나는 수치심과 죄책감을 느꼈다. 그는 나를 좋아했고, 나도 그가 좋았다. 우리는 누구보다 친밀한 관계를 유지했다.

센트럴파크 근처, 구겐하임미술관 한 블록 위에 자리한 마운트 시나이에서도 나의 하루는 길었다. 일반 연구 주제는 면역 과정이었고, 인터루킨-6는 특수 주제였다. 나는 조지 액스와 더불어 다수의 연구 논문을 저명한 학술지에 수차례 기고했다. 물론 일 외에도 나는 가족과 보내는 시간을 놓치지 않으려고 애썼다. 내가 무한히 고마워해도 부족한 아내와 당시 아주 어렸던 두 아이. 우리는 함께 뉴욕에서 잊지 못할 시간을 보냈다.

미국에서 돌아온 나는 프라이부르크에서 전문의 자격을 취득했고, 게록 교수의 지도를 받아 내과학으로 교수 자격인 하빌리타치온Habilitation을 취득했다. 그때 나의 비전은 전체론적이면서 정신적 측면도 고려하는 의학을 추구하는 것이었다. 그리하여 나는 게록 교수가 유감스러워할 결정을 내리게 되었다. 내과의로서 모든 과정을 마쳤음에도 정신의학 및 정신치료 분야에서 다시 한번 전문의 과정을 밟기로 결심한 것이다.

당시 프라이부르크 대학병원 정신과 과장으로 막 부임한 마티아스 베르거Mathias Berger 곁에서 나는 차근차근 단계를 밟아갈 수 있었다. 정신의학자이자 화학자인 플로리안 홀스뵈어Florian Holsboer는 뮌헨의 막스플랑크연구소Max Planck Institut로 초청하며 내게 솔깃한 제안을 했으나 나는 끝내 거절하고 말았다. 내과와 정신과에 몸담으면서 동시에 다양한 병동에서 일한 나는 연구 활동의 범위를 점점 더 넓혀갔으며, 무엇보다 우울증과 치매에 전념했다.

그러다 내가 이끈 연구팀 중 하나가 알츠하이머 환자들의 뇌에서 염증전달물질인 인터루킨-6를 발견하는 쾌거를 이루었다. 앞서도 말했듯이 나는 이보다 몇 해 전에 인터루킨-6를 찾아내는 연구에 참여했었다. (은밀하게 진행되는) 염증 과정 내지는 면역 과정이 알츠하이머병을 불러올 수 있다는 사실은 당시 완전히 새로운 발견이었고, 이로 인해 나는 독일생물학및정신의학회에서 주는 오르가논 상을 수상하게 되었다. 내과의이자 정신분석학자인 부르크하르트 클랍Burghard Klapp이 베를린 샤리테Charité 대학병원의 교수직을 제안해왔고, 이에 프라이부르크에서도 정신신경면역학 교수 자리를 제안하며 나를 붙잡으려고 했다.

나는 알츠하이머병 연구에서 관심을 뇌에만 두지 않았다. 생활 방식이 두뇌의 발달 및 퇴화에 영향을 미칠 수 있다는 암시가 가설을 세울 만큼 쌓이자, 우리 연구팀은 심리학 디플롬(Diplom, 학사 및 석사 과정이 합쳐진 독일 교육 과정)을 받은 나의 아내와 함께 연구를 진행했다. 알츠하이머병에 걸린 사람들의 삶의 이력을 분석하면서 우리는 특별한 정신적 스트레스가 생의 단계마다 새겨진 하나의 패턴을 확인할 수 있었다.

당시 나는 연구 범위를 더욱 확장하여 우울증을 정신신경면역학적 측면에서 바라보았다. 심각한 우울증에 빠진 사람들 가운데 몇 년 전부터 더 이상 열병에 시달리지 않는다고 말한 이들을 관찰하며, 일시적인 열을 인위적으로 발생시키면 우울증이 개선될 수 있다는 사실을 알아내기도 했다.

정신의학 전문의 과정을 마치고 나서 나는 내과의에 이어 두 번째 하빌리타치온을 취득했다. 그러고 나서 나는 두 가지 치료법—정신역동 분석치료와 행동치료—에서 정신

치료 자격을 얻었다. 또한 나는 유대인인 교육분석학자 메나헴 아미타이Menachem Amitai에게서 교육분석 과정을 이수했으며, 지금까지도 그와 친밀한 관계를 유지하고 있다.

이때 정신의학 과장과 갈등이 생기는 바람에 나는 인접 학과인 심신의학으로 옮겨가길 원했다. 독일어권 정신분석의 대가이자 도나우강이 흐르는 울름에서 심신의학 교수로 있던 호르스트 캐헬레Horst Kächele가 그 무렵 내게 교수직을 제안했다. 하지만 나는 거기로 이직하지 못했다. 대신에 당시 연방교육연구부 장관이었던 클라우스 폰 트로타Klaus von Trotha의 개인적 지원을 받으며, (내가 바라던 대로) 프라이부르크 안에서 인접 학과로 옮겨갈 수 있었다.

심신의학과로 자리를 옮기는 일은 마치 고향으로 돌아가는 것만 같았다. 심신의학에 대한 관심은 내가 의학을 선택한 주요 동기 중 하나였다. 심신의학으로 옮기고 나서 나는 학술 활동의 범위를 더욱 넓혔다. 사회신경과학은 그간 입증하고 생성한 인간의 공생과 공존에 대한 방대한 데이터가 한데 모아지고 정리되는 일이 필요했다. 나는 이를 나의 과제로 받아들이고, 가정과 학교 그리고 일터에서 이루어지는 인간의 공생이 지니는 신경과학적 의미와 중요성을 다루는 전문 서적을 집필하기 시작했다.

이를 바탕으로 나는 학교에서 진행되는 일련의 연구 프로젝트에도 적극 참여했다. 베를린의 연방산업안전보건연구소의 지원을 받아 나는 '프라이부르크 모델'이라는 교사 코칭 프로그램을 개발했다. 모든 학교 프로젝트는 과학적 토대 위에서 이루어졌으며, 모든 결과는 세계적 학술지에 발표되었다. 심신의학과 의료 책임자(MD) 미하엘 비르싱 Michael Wirsching은 내 연구 작업에 주의를 기울이며 막대한 지원을 아끼지 않았다.

프라이부르크 대학병원 심신의학과에서 세 개의 프로젝트를 이끌며 보낸 시간은 내게 특별한 보람과 즐거움을 선사했다. 첫 번째 프로젝트는 2002년 봄에 내가 요청해서 시작된 '심신의학 화요 학술회Psychosomatisches Dienstagskolloquium'로, 매주 화요일 최소 200명 내지 최대 1000명의 청중을 대학 대강당에 불러 모아 우리 학과 또는 외부에서 초대된 유명 인사의 강연을 함께 듣는 일종의 세미나다.

두 번째 프로젝트는 2010년과 2011년에 내가 의료 책임자로서 다른 지역의 심신의학 병원을 일시적으로 맡았던 일이다. 당시 알고이Allgäu 지방의 한 개인 병원 운영자가 경영난에 빠진 자기 병원을 다시 되살리기 위해 나를 고용했다. 급성 환자와 재활 환자를 위해 100개의 병상을 갖춘 이 병원이 재정난에서 벗어나도록 나는 2년 동안 프라이부르크와 알고이를 수없이 오갔다. 이는 내게 무척이나 즐거운 시간이었다. 알고이 병원에서 나는 최신식 치료법을 도입했다. 이후 병원은 번창했고, 병상은 모두 채워졌다. 내가 떠난 다음에도 대기자 명단이 길게 늘어섰다. 병원의 소유주는 내가 알고이로 완전히 옮겨오기를 바랐지만, 나는 무거운 마음으로 거절했다.

세 번째는 2013년에 내가 공동으로 설립한 특별연구센터Sonderforschungsbereich '무세(Muße, 여유라는 뜻)'로, 줄여서 SFB 1015 프로젝트라고도 한다. 여기서 나는 동료 슈테판 슈미트Stefan Schmidt와 함께 미국에서 개발된 '마음 챙김 명상에 기초한 스트레스 감소Mindfulness Based Stress Reduction, MBSR' 프로그램이 학생과 교사에게 도움이 되는지 알아보는 하위 프로젝트를 하나 진행했다.

프라이부르크대학교에서 정년퇴임을 할 무렵, 나는 이를 계기로 내 삶과 일 그리고 연구의 거점을 프라이부르크에서 베를린으로 옮겼다. 2016년 10월 18일, 1000여 명의 청중이 가득 자리한 프라이부르크대학교 대강당에서 나는 고별 강연을 했다. 주제는 다음과 같았다. '인간은 달라질 수 있을까, 만약 그렇다면 어떻게?—신경과학적 관점으로 들여다보기'.

베를린으로 이주한 나는 국제정신분석대학에서 객원 교수를 역임했으며, 한 정신치료교육연구원에서 강사 겸 치료 코치 그리고 관리감독자를 맡고 있다. 베를린에서의 이런 다양한 삶은 내가 오래전부터 계획한 일이다. 학교 교사들을 위한 연구 프로젝트 또한 여기서 계속 이어지고 있다. 베를린의 학교들이 직면한 여러 문제로 인해 여전히 요청이 많다.

오늘날 우리의 학교가 처한 문제는 결코 새로운 것이 아니다. 우리가 정치적 극단주의에 맞서고 또 사회 공동체의 연대와 결속을 강화하길 원한다면, 제대로 된 교육을 시작해야 한다. 환경 파괴와 기후 변화 또한 좋은 교육을 받은 젊은 세대가 없으면 우리는 이에 맞서 아무것도 할 수가 없다. 교육은 원활히 작동하는 현대 사회의 알파이자 오메가이다. 지금 당신의 손에 들린 이 책은 (이전의 내 모든 저서와 마찬가지로) 여기에 이바지하려는 일말의 시도라 할 수 있다.

감사의 말

이 책을 집필할 무렵 나는 딸 엘리자Elisa와 그의 동반자 파벨 그노스도르프Pawel Gnosdorf가 이주해 살고 있는 포르투갈 아조레스 제도에 머무르고 있었다. 나를 기꺼이 손님으로 받아준, 아름다운 두 사람에게 진심으로 고마움을 전한다. 더불어 맑고 명랑한 나의 어린 손주, 헨리와 졸리는 이 책이 세상의 빛을 보도록 내게 마법을 부렸다.

책이 무사히 태어나도록 도와준 발행인 시몬 비알로원스Simon Biallowons와 뛰어난 편집자 안나 에거Anna Egger에게 깊은 감사의 마음을 전한다. 끝으로 책이 세상에 나오도록 길을 터준 나의 에이전트, 프란치스카 귄터Franziska Günther와 카린 그라프Karin Graf의 노고에 고마움을 표하고 싶다.

머리말

1   아펠트(Afelt, A.) 외(2018).

2   가브리엘의 저서(2020).

3   오늘날까지 이어지고 있는 프라이부르크대학교의 '학제간 화요 학술회'는 2002년 내가 처음 제안하면서 시작되었다. 지금도 학기 중 매주 화요일에 프라이부르크대학교 대강당에 수백여 명의 청중들이 한데 모인다. 전 총장 한스-요헨 쉬버(Hans-Jochen Schiewer)가 표현했듯이 하나의 '예배' 같은 행사가 되었다. 내가 베를린으로 옮겨온 이후 이 화요 학술회는 클라스 라만(Claas Lahmann) 교수와 슈테판 슈미트(Stefan Schmidt) 교수가 계속해서 이끌고 있다.

1장 '좋은 삶'이란 무엇인가

1   어린아이(그리고 일반적인 인간)의 욕구가 위계적 단계를 형성한다는 사실을 처음으로 밝힌 인물은 에이브러햄 매슬로다(1943).

2   자연을 향한 아이들의 동경은 물라(Moula, Z.)와 그의 동료들이 발표한 논문을 참고하자(2021).

3   이에 대해서는 오스트리아 청소년문화연구소(Institut für Jugendkultur-forschung) 보고서에 잘 나와 있다(2021).

4   아리스토텔레스의 《니코마코스 윤리학(Nikomachische Ethik)》. 에우다이모니아에서 '에우(Eu)'는 그리스 말로 '좋다'는 뜻이다. '다이몬(Daimon)'은 삶에 영향을 미치는 '정령'이다. 따라서 에우다이모니아는 '좋은 정령이 이끄는 삶'이라고 옮길 수도 있다. 많은 사람들이 오늘날 여전히 수호천사를 바라는 것은 고대 그리스 사고가 우리에게 전혀 낯설지 않다는 사실을 보여준다.

5   정신 질환이 인류의 역사가 더해지는 동안 정말 증가했는지는 언뜻 불분명
    해 보인다. 하지만 산업화에 따른 스트레스 인자들을 생각하면 일견 타당하
    다. 확실한 건 정신적 고통을 치료가 필요한 질병으로 여기는 인식은 시간
    이 흐르면서 널리 퍼졌다.

6   칸트의 저서(1797). 베를린 샤리테(Charité) 대학병원의 초대 원장인 크리스
    토프 빌헬름 후펠란트(Christoph Wilhelm Hufeland)는 1797년에 출간된 이
    책에 머리말과 논평을 덧붙이기도 했다.

7   프랭클의 책(2021).

8   리프(Ryff, C.D.)의 논문(2014); 후타(Huta, V.)와 워터먼(Waterman, A.S.)의 논
    문(2014).

9   리프(2013).

10 루이스(Lewis, G.J.) 외(2013).

2장 유전자와 '좋은 삶'

1   DNA는 'Deoxyribonucleic acid(디옥시리보핵산)'의 약자다. Helix(헬릭스)는
    라틴어로, 나선 모양의 구조를 뜻한다.

2   하나의 마이크로칩 안에 담기는 구조의 규모는 마이크로미터 범위 안에
    있다(1마이크로미터=1/1000밀리미터). DNA 한 가닥의 지름은 2나노미터이
    다(1나노미터=1/1000마이크로미터).

3   우리 혈액을 이루는 액체 성분인 혈장 속에는 백혈구와 적혈구가 떠다니며,
    혈장은 물을 제외하면 주로 단백질로 되어 있다. 마찬가지로 대부분의 호르
    몬과 전달물질 그리고 이들의 수용체(세포막에서 외부의 신호를 받는 분자)도 단
    백질이다.

4   게놈, 즉 유전체에 대한 부분은 나의 다른 저서 《협력하는 유전자(Das
    kooperative Gen)》에 보다 구체적으로 담겨 있다.

5   나는 몇 년 전에 집필한 《몸의 기억(Das Gedächtnis des Körpers)》에서 처음
    으로 게놈을 피아노로 비유해 설명했다. 극도로 복합적인 게놈의 내부 분
    자 역학은 (전통적인 구조의) 시계 톱니 장치와 비교할 수 있다. 시계톱니바퀴가
    '이기적'이라는 생각은 이미 언급했듯이 유전자가 '이기적'이란 명제처럼
    터무니없다.

6   유전자 발현이라고도 부르는 '유전자 활동'은 하나의 유전자가 얼마나 강하

게 읽히는지, 유전자 산물(단백질)이 얼마나 넓은 범위에서 생성되는지, 그 유전자가 어떤 설계도를 가지고 있는지를 뜻한다.

7   이 부분은 어린 시절의 부모 내지는 애착 인물에게 책임이 있다. 아이가 어떻게 영양소를 섭취하는지, 충분히 활동은 하는지, 어떤 교육을 제공받는지 등에 관한 요소는 모두 유전자 활동과 신체 및 두뇌 발달에 영향을 미친다.

8   노벨상 수상자인 바버라 매클린톡(Barbara McClintock)의 강연을 참고하자 (1983). 나의 저서 《협력하는 유전자》에도 이에 대한 개관이 담겨 있다. 과학적으로 투명하게 증명된 이 문제를 붙들고 많은 생물학자(특히 전통적인 진화생물학자) 및 의학자들이 오늘날까지도 여전히 어려움을 겪고 있다.

9   이런 유전자는 이른바 RNA(Ribonucleic acid, 리보핵산)를 만들어내며, 이들은 단백질을 구성하도록 이끌지 않는다. RNA 분자는 내가 표현했듯이 '물류'를 담당하도록 되어 있다.

10 우리 유전체의 구조는 근대 산업 사회와 비슷하다. 생산에 직접 관여하는 설비는 시스템을 이루는 한 부분에 불과하다. 모든 활동의 대부분은 생산 관리, 물류, 수송과 운송, 그리고 의사소통으로 이루어진다. 그러니까 우리 유전체는 레고 조각이 아니라는 말이다. 우리의 몸은 레고 부품들(유전자)로 조립된 자동차와 비교할 수 없으며, 자동차의 결함처럼 (질병을) 단순히 수리하거나 부품을 교환하는 식으로 고칠 수 없다.

11 《살 가치가 없는 생명의 말살에 대한 허용(Die Freigabe der Vernichtung lebensunwerten Lebens)》은 1920년, 그러니까 나치가 권력을 장악하기 10여 년 전에 발간된 책자로, 프라이부르크대학교 교수인 법학자 카를 빈딩(Karl Binding)과 정신과 의사 알프레드 호헤(Alfred Hoche)가 공동으로 집필했다. 엘리트 지식인들을 통해 국가사회주의적 범죄를 준비한 보다 구체적인 과정은 나의 다른 저서 《인간을 인간이게 하는 원칙(Prinzip Menschlichkeit)》에 실려 있다.

12 '코카서스(Caucasus)'는 밝은 빛깔의 피부를 가진 인종을 칭하는 학술적 개념이다.

13 CRH는 부신피질 자극호르몬 방출인자로 펩티드 호르몬이다.

14 기후 위기에 대한 부인은 적절한 정치적 조치를 통해 이에 맞서 분투하는 것을 지연시켰다. 그 결과는 지금 우리가 목도하듯이 무척이나 비참하다. 인간과 자연 사이의 망가진 관계에 대한 이야기는 나의 저서 《세상이 느끼는

것 느끼기(Fühlen, was die Welt fühlt)》에 상세히 담았다.

15 홀트-런스타드(Holt-Lunstad) 외(2010, 2015).

16 코로나 바이러스 감염의 경우, 몸의 염증 반응이 발열과 병감(病感) 등으로 나타나며 심하면 폐렴을 동반하기도 한다.

17 일광 화상은 과도한 일사로 인한 몸의 염증 반응 중 하나다.

18 밀러(Miller, G.E.) 외(2008, 2014).

19 사르와(Sarwar, N.) 외(2009).

20 안라더(Anrather, J.)와 이아데콜라(Iadecola, C.)의 논문(2016).

21 물트호프(Multhoff, G.) 외(2011); 그레텐(Greten, F.R.)과 그리베니코프(Grivennikov, S.I.)의 논문(2019).

22 바우어 외(1991); 키니(Kinney, J.W.) 외(2018). 알츠하이머 환자의 뇌에서 염증전달물질 인터루킨-6를 발견한 것은 우리 연구진의 성과다.

23 엄밀히 말하면 CTRA라는 전문 용어 아래 묶이는 유전자는 총 53개다 (CTRA는 Conserved Transcriptional Response to Adversity, 역경에 대한 보존 전사 반응이라는 뜻이다). 이에 관한 대략적인 개관은 콜(Cole S.)의 글을 참고하자(2019). CTRA로 묶이는 유전자들은 두 개의 집단으로 나누어진다. 하나는 종양괴사인자(Tumor Necrosis Factor, TNF)와 인터루킨-1(IL-1), 인터루킨-6(오래전 나는 이 물질의 발견과 연구에 동참했다) 같은 염증전달물질을 생성하는 집단. 두 번째는 바이러스 같은 외부 침입자에 맞서 면역 체계를 강화시키는 이른바 인터페론(Interferon)들이 속해 있다. 장기간에 걸쳐 일어나며 잠재적으로 악성인 만성 염증 반응은 증가된 염증전달물질 유전자의 활동과 감소된 인터페론 유전자의 활동으로 이루어진다. 감소된 인터페론 유전자 활동 값을 마이너스에서 플러스로 돌리고, 이를 증가된 염증 유전자의 활동 값에 더하면, (장기적이고 잠재적으로 악성인) 'CTRA 반응'이라 불리는 하나의 측정값을 얻게 된다.

24 바로 위의 각주를 다시 한번 보자.

25 엘리시아(Elisia, I.) 외(2020).

26 발트슈미트(Waldschmidt, T.J.) 외(2008).

27 차이(Chai, W.) 외(2017); 마지디(Mazidi, M.) 외(2019). 이들의 역학 조사 데이터는 육류 섭취와 심혈관 질환 및 특정 암 사이의 유의미한 상관관계를 보여준다.

28 프레드릭슨(Fredrickson, B.) 외(2013).

29 맨 뒷부분에 나오는 도표를 다시 한번 참고하길 바란다. 여기서 언급된 연구는 모두 과학적으로 입증된 두 가지 설문조사 가운데 최소한 하나를 적용했다. 즉 '정신적 건강 척도-단축형(Mental Health Continuum-Short Form, MHC-SF)' 아니면 '심리적 안녕감 척도(Psychological Well-Being Scales, PWB)'를 가지고 조사를 실시했다. MHC-SF는 키이스(Keyes)가 개발한 모델이며(2009), PWB는 리프가 키이스와 함께 발표한 논문을 참고하면 된다(1995). (총 14개의 문항으로 된) MHC-SF 설문은 응답자가 스스로 '사회에 뭔가 유익하거나 유의미한 기여를 한다'고 느끼는지 또는 '도전적인 경험을 통해 더 나은 인간이 된다'고 생각하는지 혹은 '삶에 의미와 방향성을 가지고 있는지' 등에 관한 것에 집중되어 있다. 리프의 설문은 총 42개 문항에 여섯 가지 차원(자율성, 타인과의 긍정적 관계, 개인적 성장, 자기 삶에 대한 통제, 경험된 삶의 의미, 자기 수용)으로 분류되어 있다. 리프가 개발한 모델은 스스로 결정할 수 있는지, 다른 사람과 좋은 관계를 맺을 수 있는지, 개인적 책임을 잘 이행할 수 있는지, 스스로를 더 발전시킬 수 있는지, 자기 삶의 목표를 세울 수 있는지, 그리고 모든 실수와 결함에도 스스로를 수용할 수 있는지 등의 개인적 능력을 측정하는 것에 초점이 맞춰져 있다. 두 가지 설문은 응답자 개인의 중요도에 따라 답을 할 수 있도록 질문마다 여러 단계의 선택지가 있어서, 각 개인이 의미 지향적인 삶에 얼마나 가치를 두는지 대략적인 경향성을 분석할 수 있다는 점에서 구별된다. 공공심이라는 개념은 알라이다 아스만(Assmann, A.)의 저서를 참고하자(2018a).

30 브라운(Brown, N.J.L.) 외(2014).

31 프레드릭슨 외(2015).

32 '소셜 게노믹스'란 명칭은 스티븐 콜이 붙인 것이다(2014).

33 우리의 사고는 뜬구름이 아니라 실재다. 사고의 실재는 정신적 차원뿐만 아니라 생물학적 차원도 가진다. 이 부분은 4장에서 보다 자세히 다루려고 한다. 사고의 주체는 우리 '자아'이며, 자아의 생물학적 상관자가 바로 '자아 연결망'이다. 사고의 정신적 차원과 생물학적 차원은 서로 '얽혀' 있다(이는 위르겐 하버마스가 교토상 수상 연설에서 사용한 개념이기도 하다). 현대 자연과학 속에서 잘 다듬어진 편협한 물질주의는 정신의 실재를 인정하지 않는다. 일종의 색맹인 것이다. 사고는 자신의 생물학적 차원을 토대로 살아 있는 몸의

생명 활동에 영향을 미칠 수 있다.

34 콜 외(2015).

35 넬슨-커피(Nelson-Coffey, S.K.) 외(2017).

36 흥미롭게도 자기 자신을 위해서만 좋은 일을 하라는 요청을 받은 집단은 오히려 활동 패턴이 악화되는 결과가 나타났다. 추측하건대, 아마도 우리는 타인을 배제하고 오직 자기 자신에게만 좋은 것을 베풀면 그리 좋지 않다는 걸 직관적으로 느끼는 모양이다. "기쁨을 나누면 배가 된다"는 말의 근원이 여기에 있는 건지도 모르겠다.

37 바우어 외(1984, 1988, 1989, 1993); 안두스(Andus, T.) 외(1987); 노르트호프(Northoff, H.) 외(1987); 가이거(Geiger, T.) 외(1988). 한마디 덧붙이자면, 인터루킨-6는 최종적으로 이렇게 부르기 전까지는 'Hepatocyte Stimulating Factor(간세포자극인자)'나 'B-Cell Stimulating Factor(B-세포자극인자)' 또는 'Interferon β2(인터페론 베타2)'로 불렸다.

38 바우어 외(2003, 2006, 2007)); 운터브링크(Unterbrink, T.) 외(2007, 2010, 2012, 2014); 로즈(Rose, U.) 외(2010); 짐머만(Zimmermann, L.) 외(2012); 고다(Gouda, S.) 외(2016); 바우어(2010, 2012, 2015, 2017); 브로이니히(Braeunig, M.) 외(2018); 루옹(Luong, M.T.) 외(2019); 폰 뮌히하우젠(Von Muenchhausen) 외(2021).

39 콜 외(2020).

40 구체적인 내용은 4장을 참고하자.

41 공동체 문화에서 사회적 정체성을 향한 높은 바람은 강요된 것이 아니라 경험에 의한 문화적 관행이다. 따라서 독재와는 다르다. 공동체 문화와 개인주의 문화를 나눈다고 해서 둘 중 하나가 더 '낫다'는 의미는 아니다. 다만 서구 사회에서 극단으로 치닫고 있는 개인주의, 그리고 이와 함께 나타나는 수많은 사람의 고독과 고립은 스트레스와 관련된 질병에 심각한 위험 요소가 되고 있다.

42 뒷부분에 나오는 세 개의 도표를 참고하자. 이 연구에서는 앞서 언급한 '정신적 건강 척도-단축형(MHC-SF)'과 리프의 '심리적 안녕감 척도(PWB)' 그리고 '주관적 안녕감 척도(Subjective Well-Being Scales, SWB)'가 사용되었다.

43 모든 주관적 경험 및 행동은 각각의 신경 '상관자'와 상응한다. '자아'의 신경 상관자는 한 인간이 속해 있는 사회적 환경, 그러니까 '우리'가 저장되어 있는

신경 상관자와 겹쳐진다. 커트니(Courtney, A.L.)와 마이어(Meyer, M.L.)의 논문 (2020). 공동체 문화에서 성장한 사람의 경우 이 겹침이 개인주의 문화에서 자란 이들보다 훨씬 크다. 마(Ma, Y.) 외(2012). 이처럼 문화적 환경은 우리 두 뇌에 '지문'을 남긴다.

44 이미 말했던 대로 이 유전자 집단은 전문 용어로 '역경에 대한 보존 전사 반 응(CTRA)'이라고 한다.

45 타와콜(Tawakol, A.) 외(2017).

46 Positron Emission Tomography.

47 이 연구에서 처음으로 스트레스로 인한 협심증과 심근 경색이 파악되었다. 암과 치매 질환은 포착되지 않았는데, 이를 위해서는 보다 긴 관찰 기간이 필요했을 것이다.

48 다카하시(Takahashi, A.) 외(2018); 레샥(Leschak, C.J.)과 아이젠버거 (Eisenberger, N.I.)의 논문(2019).

49 여기에서 상대 팀은 우리가 가는 삶의 길에 놓인 걸림돌을 의미한다. 걸림 돌은 쳐부숴야 하는 적이 아니다. 경기의 일부다.

50 칸트(1785).

3장 인간, 애정과 사랑을 위해 태어난 존재

1 바우어, 《왜 우리는 행복을 일에서 찾고, 일을 하며 병들어갈까(Arbeit: Warum sie uns glucklich oder krank macht)》, 하이네(Heyne) 출판사(2015).

2 도파민은 (보상 회로의 중추인) 복측 선조체(Ventral Striatum)에서 생성된다. 베 타-엔도르핀은 이곳을 비롯해 두뇌의 다른 영역에서도 만들어진다. 옥시토 신은 뇌하수체에서 분비된다.

3 우리 몸이 아프지 않다는 건 유기체가 능동적으로 만들어낸 상태다. 자기 유 기체가 이를 제대로 해내지 못하는 사람은 이른바 신체형 장애(Somatoform disorders) 내지는 섬유근육통(Fibromyalgia)에 시달리곤 한다.

4 보상 체계에 관한 최신의 전망은 나의 다른 저서 《인간을 인간이게 하는 원 칙》과 《고통의 한계(Schmerzgrenze)》에 담겨 있다. 새로 나온 연구 논문은 다 음을 참고하자. 토모바(Tomova, L.) 외(2019); 이나가키(Inagaki, T.K.) 외(2020); 스크뢰더스(Schreuders, E.) 외(2021); 토모바 외(2021).

5 "사회적 보상은 매력적인 사람에게서 날아온 미소일 수도 있고, 교사의 칭찬

이나 동료의 찬동일 수도 있으며, 혹은 새로 알게 된 사람이 건넨 친근한 제스처일 수도 있다." 반지(Bhanji, J.P.)와 델가도(Delgado, M.R.)의 논문(2014).

6 카치오포(Cacioppo, S.) 외(2012); 펠드먼(Feldman, R.)의 논문(2017).

7 와그너(Wagner, U.) 외(2015); 졸리(Jolly, E.) 외(2019).

8 노빅(Novick, A.M.) 외(2018).

9 다른 말로 하면, 부모와 같은 애착 관계의 인물들이 아이에게 함께 보내는 시간을 선사하는 대신 달달한 군것질이나 디지털 단말기를 쥐어주며 대충 달래고 넘어간다는 뜻이다.

10 베나(Vena, A.A.)와 곤잘레스(Gonzales, R.)의 논문(2019); 르(Le, T.M.) 외(2021); 세볼드(Sebold, M.) 외(2021).

11 슈흐-고이(Schuch-Goi, S.B.) 외(2017); 조르니츠키(Zhornitsky, S.) 외(2021); 포스노흐트(Fosnocht, A.Q.) 외(2021).

12 그레이버(Graeber, D.)의 저서(2012).

13 웨이크(Wake, S.J.)와 이즈마(Izuma, K.)의 논문(2017); 구(Gu, R.) 외(2019).

14 골라(Gola, M.)와 드랍스(Draps, M.)의 논문(2018).

15 이로 인한 신체적 영향에는 2장에서 언급한 염증전달물질인 인터루킨-6의 증가도 포함된다. 스미스(Smith, K.J.) 외(2020). 고독과 사회적 고립은 차이가 있다. 고독은 주관적인(그럼에도 불구하고 객관적으로 존재하는) 감정이며, 주변에 사람들이 있어도 고독에 사로잡힐 수 있다. 사회적 고립은 주변에 사람이 없다는 뜻이며, 대부분의 경우(항상 그런 건 아니지만) 고독이라는 감정을 불러일으킨다. 일반적으로 고독과 사회적 고립은 함께 나타난다.

16 인간이 악행을 저지르는 이유는 (존재하지도 않는) '공격 욕동' 때문이 아니다. 이전에 경험한 심리적 상처에 대한 보상 작용이거나 현재 겪는 갈등 때문이다. 때로 이들은 반복되며 서로 상처를 만들어낸다. 다른 상황에서 발생한 부정적 감정이 (아무 상관 없는) 새로운 상황으로 옮겨가는 경우도 종종 있다.

17 아이젠버거(Eisenberger)와 리버먼(Liberman)의 논문(2012); 아이젠버거(2012).

18 흥미롭게도 독일어로는 타인으로부터 무시와 차별을 당하는 상황에 '단절(Schneiden)'이라는 표현을 쓸 수 있다. 여기에는 당사자가 고통을 당한다는 뜻이 함축되어 있다.

19 찰스 다윈은 '공격 욕동'에 대해서 알지 못했다. 공격 욕동을 두고 벌이는 그

룻된 설왕설래에 관해서 나는 나의 저서 《고통의 한계》에 구체적이고도 과학적인 설명을 담았다.

20 불안과 공격성은 형제자매라고 할 수 있다. 하나는 다른 하나로 즉시 돌변할 수 있다. 둘은 거의 동일한 신경생물학적 체계에서 작동한다. 누구도 '불안 욕동'이라는 말을 쓰지 않는다. 만성적인 불안이 있거나 계속적으로 공격성을 분출하는 사람은 정신적 장애에 시달린다(코이드Coid, J.W.의 2013년 논문에 나오는 사례를 참고하자). 하지만 역으로는 성립되지 않는다. 즉 정신적 장애를 가졌다고 해서 근본적으로 폭력적인 사람은 아니라는 뜻이다.

21 이나가키 외(2018).

22 불안과 공격성은 같은 신경생물학적 체계를 반응시킨다. 둘에 모두 관여하는 편도체가 한쪽으로만 치우쳐서 설명되는 까닭은 아마도 불안이 공격성보다 연구하기가 훨씬 수월하기 때문일 것이다. 물론 영상 장치로 (두뇌에서) 공격성이 작동하는 순간을 촬영할 수는 있다. 다만 상당히 까다로운 작업이다. 나는 이에 관한 보다 상세한 이야기를 《고통의 한계》에 실었다.

23 타와콜 외(2017).

24 타미르(Tamir, D.I.)와 미첼(Mitchell, J.P)의 논문(2012).

25 아이젠버거 외(2007).

26 나는 내가 집필한 《고통의 한계》에서 한 국가를 지배하는 사회적 불평등이 폭력 행위의 빈도와 상관관계가 있다는 사실을 논증한 바 있다. 이는 경제적 불평등이 배척과 소외의 감정을 느끼게 하고 공격성을 증가시킨다는 주장이 결코 틀리지 않음을 증명해준다.

27 산페이(Sanfey, A.G.) 외(2003).

28 트리코미(Tricomi, E.) 외(2010).

4장 공감의 주체 '자아'

1 당연히 우리는 타인에게 자기에 대한 좋은 이미지를 심어주는 것에 신경을 쓴다. 이처럼 꾸며진 자아상은 타인이 우리를 보는 것과 다를 수 있다. 타인이 한 인간에 대해 가지는 관점은 조작될 수도 있다. 자아 연결망은 자아관의 신경 상관자로, 제3자 없이 실험 대상자가 오롯이 혼자 있는 상황에서 조사를 진행해야 당사자가 자신 고유의 특성을 제대로 파악하는지의 여부를 확인할 수 있다.

2   인간은 종종 자기 인격에 대한 환상을 만들어내는데, 우리는 이에 휘둘리지 않도록 주의해야 한다. 물론 대부분의 사람들은 스스로에 대해 (때로는 지나치다 싶을 정도로) 비판적인 시각을 가지고 있다.

3   켈리(Kelley, W.M.) 외(2002); 드아르헴보(D'Argembeau, A.)의 논문(2013). 이후 수많은 논문들이 윌리엄 켈리의 연구를 뒤따랐다. 나의 저서 《우리는 누구이며, 우리는 어떻게 되어 갈까(Wie wir werden, wer wir sind)》에 대략적인 이야기가 실려 있다. 자아 연결망을 확인하려면 실험 대상자에게 특정한 자격을 요구하는 채용 공고를 읽도록 하면 된다. 보다 구체적으로 말하자면, 자기공명영상을 촬영하는 중에 실험 대상자의 눈 앞에 작은 화면을 띄워, 인간의 특성을 묘사하는 일련의 형용사들을 (각각 정해진 시간 동안) 읽게 하는 것이다. 실험 대상자는 각 특성이 자신에게 해당되는지 솔직하게 스스로를 평가하면 된다. 그러면 자아상이 저장된 신경망이 활성화된다. 이때 실험 대상자는 오로지 혼자이며, 사회적 '바람직성'은 아무런 역할도 하지 않는다. 실험 대상자가 내면의 자아상을 불러내는 동안 활발한 두뇌 활동이 측정된다. 실험 대상자가 생각에서 빠져나와 다른 일에 몰두하면(예컨대 화면에 있는 작은 점을 눈으로 따라가면) 활동이 측정되었던 '자아 연결망' 관련 신경망은 잠잠해진다. 아무것도 하지 않을 때 우리 인간은 정신적으로 자아와 관련된 이런저런 질문들을 선회한다. 이는 (겉보기에) 아무것도 하지 않을 때 활동이 증가하는 신경망과 자아 연결망이 겹치는 이유를 설명해준다. 이 연결망을 '디폴트 모드(Default Mode)'라 부르는 이유도 여기에 있다. 위트필드-가브리엘리(Whitfield-Gabrieli, S.) 외(2011).

4   신경해부학적 주소로 표현하자면 복내측 전전두엽 피질(Ventromedial Prefrontal Cortex, vmPFC)이다.

5   자아 연결망의 하위 소재지는 두뇌의 뒷부분으로, 마치 가운데 가르마처럼 대뇌 안쪽 면에서 긴 이랑을 이루는 영역에 존재한다. 이 하위 소재지의 신경해부학적 명칭은 후방 대상 피질(Posterior Cingulate Cortex, PCC)이다. PCC는 자아에 대한 전기적(傳記的) 관점을 저장한다. 그러는 동안 눈두덩이 위에 위치한 본거지는 지금 이 순간의 자기 감정을 암호화한다.

6   젠킨스(Jenkins, A.C.)와 미첼의 논문(2011).

7   포크(Falk, E.B.) 외(2015).

8   공감과 감정 이입에 관해 잘 정리된 연구 논문으로 다음을 추천한다. 웨이츠

(Waytz, A.)와 미첼(2011); 드 발(De Waal, F)과 프레스턴(Preston, S.D.)의 논문 (2017); 에크룬드(Eklund, J.H.)와 메라니우스(Meranius, M.S.)의 논문(2021).

9   심리학에서는 이를 '마음 이론'으로 다룬다.

10 전문 학술 용어로 '의태(Mimicry)'라고 한다.

11 빌헬름(Wilhelm, M.O.)과 베커스(Bekkers, R.)의 논문(2010).

12 이를 '배려의 원칙(Principle of Care)'이라고 한다. 위와 마찬가지로 빌헬름 과 베커스의 논문(2010)을 참고하자.

13 이른바 '뜨거운' 사이코패스는 격앙되는 사람으로 쉽게 분노와 같은 감정 에 빠진다. 이들은 특정 상황에서 격정의 폭풍에 휘말리며 폭력을 행사하기 도 한다. 이들의 뇌를 살펴보면 편도체의 부피가 상대적으로 커져 있다. 반 대로 '차가운' 사이코패스는 겉보기에 아무런 감정의 동요 없이 심각한 범 죄를 저지르는데, 뇌를 살펴보면 편도체의 위축과 함께 종종 전두엽 부위의 손상이 관찰된다. 사이코패스 연구와 관련된 전반적인 이야기는 나의 저서 《고통의 한계》에서 볼 수 있다.

14 오늘날까지 널리 사용되는 측정 도구 중에 하나로 대인관계 반응지수 (Interpersonal Reactivity Index, IRI)가 있다. 데이비스(Davis, M.H.)의 논문 (1983).

15 미첼 외(2006); 젠킨스 외(2008); 커트니와 마이어(2020); 우(Woo, B.M.)와 미첼(2020). 우리가 다른 사람들에 대해 가지고 있는 생각은 자신의 자아 체 계뿐만 아니라 두뇌의 다른 곳(이를테면 내측 두정엽Medial Parietal Lobe과 후뇌 량팽대 피질Retrosplenial Cortex)에도 저장된다. 손턴(Thornton, M.A.)과 미첼 의 논문(2017)을 참고하자.

16 '너'가 '나'보다 나이가 더 많고(프리드리히 니체, 《차라투스트라는 이렇게 말했다 Also sprach Zarathustra》), 우리 인간이 먼저 '너'에게서 '나'가 되는(마르틴 부 버, 《나와 너Ich und Du》) 존재라는 것은 이미 오래된 철학적 명제이지만, 사실 성 여부는 여전히 모호하다. 그러나 두 철학자가 지니는 엄청난 무게 때문 인지 대부분의 신경과학자들 또한 이 지점에서는 둘의 명제를 지지한다.

17 자신과 타인을 구별하는 능력은 당연히 매우 중요하다. 하지만 동시에 그 경계는 부서지기 쉽다. 특정 약물은 '자신'과 '자신이 아닌 사람' 간의 경계 를 쉽게 허물며, 나아가 경계를 아예 없애버리기도 한다. 이는 조현병 환자 들에게서 관찰되기도 한다. '나'와 '너' 사이의 가장 깊은 유대는 대다수의

경우 자기 어머니와의 관계에 있다. 지금처럼 생명의 위험을 느끼는 어마어마한 위기 상황 속에서 우리의 정신이 원시적 공생 상태로 돌아가고자 하고, 누구보다 강한 남성들이 (강인한 친구나 구원자가 아닌) 어머니를 찾는 이유가 여기에 있지 않을까.

18 브룸(Broom, T.W.) 외(2021).

19 다시금 브룸의 논문(2021)을 참고하자.

20 베를린에 사는 독일 태생의 친구 중에 수년 전 이슬람교로 개종한 친구가 있다. 언젠가 그는 다음과 같은 일화를 내게 들려주었다. 이주민들이 자주 찾는 베를린의 한 식료품점에서 계산하려고 줄을 서 있었는데, 외모와 옷차림으로 보아 누가 봐도 아랍 출신인 한 남자 손님이 내 친구를 밀치고 앞으로 나가더라는 것이다. 친구는 당연히 그 남자를 비난했다. 그러자 그 남자는 내 친구에게 거친 말을 퍼부으며 공격하기 시작했고, 끝내는 위협하기에 이르렀다. 내 친구는 즉시 아랍어로 "샤하다(Shahada)"라고 말했다(이는 이슬람교도들의 짧은 신앙 고백 구절이다). 내 친구는 고고학자이며 수많은 아랍 국가에서 일했기 때문에 아랍어에도 능통했다. 친구의 신앙 고백을 들은 그 남자는 조금 전까지 위협적으로 행동했던 태도를 버리고 다정한 말투로 바꾸고는 내 친구를 따뜻하게 끌어안았다. 마치 오랫동안 알고 지낸 친한 친구에게 하듯 말이다.

21 포크 외(2015); 강(Kang, Y.) 외(2018); 카프라로(Capraro, V.) 외(2019).

22 이는 유대교에도 해당된다. 아브라함, 모세, 다윗, 솔로몬이나 다른 여러 구약 선지자들을 떠올려보자.

23 다윈(1993).

24 스타인들-라스트의 저서(2010). 스타인들-라스트는 나의 진료와 치료에 상당한 도움을 주었다. 심한 트라우마가 있거나 암에 걸린 환자들의 다수는 과거에 신을 믿은 적이 있다고, 하지만 자신이 겪은 극심한 고통 때문에 신앙을 잃었다고 말하곤 한다. 나는 이 이야기를 스타인들-라스트에게 들려준 적이 있다. 그러자 그는 내게 다음과 같이 답했다. "요아힘, 신은 우리의 고통과도 함께해!" 내가 적극적으로 도우려는 자세로 환자들에게 다가가면, 환자들도 이를 확실히 느꼈다. 그렇다면 신은 공감의 화신일지 모른다.

5장 신경세포의 공명, 공감의 정서적 성분

1   샤마이-츄리(Shamay-Tsoory, S.G.)의 논문(2010); 웨이츠와 미첼(2011); 볼딩
    (Bolding, J.)의 논문(2019); 베칼리(Bekkali, S.) 외(2020). 나의 저서 《공감의
    심리학(Warum ich fühle, was du fühlst)》은 공감에 대한 전반적인 이해를 제
    공하며, 여러 면에서 여전히 그리 낡지 않은 최신의 내용을 담고 있다.

2   두 악기는 당연히 정확하게 조율되어야 한다.

3   보다 구체적인 내용은 《공감의 심리학》을 읽어보길 바란다.

4   이 같은 신경세포는 지아코모 리졸라티(Giacomo Rizzolatti)와 비토리오 갈레
    세(Vittorio Gallese)가 이끄는 이탈리아 연구진이 원숭이의 뇌에서 처음으로 발
    견하였다. 디 펠레그리노(Di Pellegrino, G.) 외(1992). 이후 인간의 두뇌에서도
    거울 신경세포의 존재가 여러 차례 증명되었으며, 독일의 몇몇 연구 결과에
    서도 확실히 입증되었다. 부치노(Buccino, G.) 외(2008). 이에 관한 대략적인
    내용은 다음을 참고하자. 이아코보니(Iacoboni, M.)와 다프레토(Dapretto, M.)
    의 논문(2006); 댄지거(Danziger, N.) 외(2009).

5   허치슨 외(1999). 실험에서 윌리엄 허치슨은 전방 대상 피질(ACC) 앞쪽에 있
    는 각 신경세포에 감지기를 연결했다. ACC는 통증 인식 체계의 일부다. 허
    치슨은 윤리위원회와 실험 참가자의 동의를 얻어 피실험자의 손가락 끝을
    바늘로 찔렀고, 그가 찌를 때마다 피실험자의 ACC 신경세포가 반응했다(정
    확히는 '달아올랐다'). 이어서 허치슨은 스스로 자기 손가락을 찌르며 실험 참
    가자에게 이를 바라보라고 주문했다. 그러자 이전과 '동일한' 신경세포가 (재
    차) 반응했다.

6   이는 윌리엄 허치슨의 개인적인 전언이다.

7   타니아 싱어(Tania Singer)와 그의 제자 클라우스 람(Claus Lamm).

8   람 외(2015).

9   그가 누구인지에 관한 정보는 당연히 상대에 대한 나의 주관적인 인식과 평
    가에서 나온 것이다. 다시 말해 '권위 있는' 선언이 아니라는 뜻이다.

10 서머빌(Somerville, L.H.) 외(2010). 덧붙이자면 놀랍도록 빠른 언어 이해력 또
    한 공명 과정에 기인한다(이를테면 우리에게 전해진 말을 우리는 대개 즉시 이해한
    다. 우리가 들은 것이 무엇인지 첫 생각을 떠올리기 전에 말이다). 스티븐스(Stephens,
    G.J.) 외(2010). 《공감의 심리학》이 처음 출간된 2005년에 나는 이미 이와
    관련된 추정을 책에 실었다.

11 반사와 공명 반응이 교육학에서 지니는 특별한 의미는 이어지는 장에서 다루려 한다.

6장 공감의 서식지를 이루는 것들

1 생후 만 3세부터 아이는 타인의 관점을 고려하는 법을 학습할 수 있는데, 한 걸음씩 천천히 해야 한다.

2 서머빌 외(2010).

3 멜조프(Meltzoff, A.N.)와 무어(Moore, M.K.)의 논문(1977); 멜조프(2007). 1977년에 발표된 앤드류 멜조프의 관찰 및 연구는 다시 반복될 수 없다고 주장하는 반박 논문이 하나 있었는데, 이는 전체적으로 심각한 방법론적 오류에 시달렸다(멜조프와 그의 동료들이 2017년에 펴낸 또 다른 논문을 참고하자).

4 시각 장애를 안고 태어난 아이들은 청각적 채널과 촉각적 채널을 이용한다 (그러면 이들 두 채널은 더욱더 강하고 섬세하게 발달한다).

5 4장에서 다루었듯이, 성인들 또한 서로 공명이 일어날 때 이런 고유한 무언가를 항상 덧붙인다.

6 생애 첫 2년 동안, 아이와 그의 (성인) 애착 인물 사이에서 일어나는 공명은 고도의 양방향 상호 작용을 필요로 한다. 그렇지 않으면 어린아이는 '본의'를 충분히 느끼지 못하기 때문이다. 따라서 넘칠 정도로 넉넉한 수준의 양방향 상호 작용은 필수적이며, 이는 비영리 공익 재단 베텔스만(Bertelsmann Stiftung)이 발표한 보고서에 3세 미만의 아이를 돌보는 아동 교육 기관은 보육 교사 1인이 아이 세 명을 담당해야 한다는 의견이 담긴 이유이기도 하다.

7 파울루스(Paulus, M.) 외(2016).

8 루비(Luby, J.L.) 외(2012).

9 수프렌(Suffren, S.) 외(2021).

10 연구를 통해 우리의 이런 슬픈 현실을 적나라하게 드러내는 데 큰 공을 세운 인물 중 하나로, 니더작센범죄연구소(Kriminologische Forschungsinstitut Niedersachsen, KFN)의 소장이자 범죄학자인 크리스티안 파이퍼(Christian Pfeiffer)가 있다.

11 젠킨슨(Jenkinson, S.)의 저서(2012); 브라운 외(2014).

12 브라운 외(2014).

13 하쉬미(Hashmi, A.) 외(2020). 놀이를 하면 측두엽 영역인 상측 두구(Superior Temporal Sulcus, STS)와 전두엽 영역, 그중에서도 자아 연결망에 속하는 안와전두 피질(Orbitofrontal Cortex, OFC)이 활성화된다.

14 리사케르(Lysaker, J.T.) 외(2011); 알메리코(Almerico, G.M.)의 논문(2014).

15 바우어 외(2003, 2006, 2007)); 운터브링크 외(2007, 2010, 2012, 2014); 로즈 외(2010); 짐머만 외(2012); 고다 외(2016); 바우어(2010, 2012, 2015, 2017); 브로이니히 외(2018); 루옹 외(2019); 폰 뮌히하우젠 외(2021).

16 이와 관련해 아주 인상적인 사례로 프로이센의 교육학자 빌헬름 폰 훔볼트 (Wilhelm von Humboldt, 1767~1835)를 들 수 있다. 알렉산더(Alexander)와 빌헬름, 두 형제는 성품과 지식을 갖춘 유명한 지성인들을 가정교사로 두고 훌륭한 사교육을 받으며 자랐다. 오늘날 우리는 빌헬름 폰 훔볼트가 교육에 부여한 가치를 높이 평가한다. "덧없는 욕망이 아닌 이성의 영원한 요구를 받는 인간의 진정한 목적은, 자신의 능력을 최고로 조화롭게 발달시켜 완벽하고 일관된 전체를 얻는 것이다. 이러한 발달을 위해 일차적으로 필요한 것은 자유이며, 두 번째로는 균형 잡힌 교육이다."

17 폭력성이 짙은 비디오 게임이 공감과 공격적 행동에 미치는 부정적인 영향은 앤더슨(Anderson, C.A.)의 논문을 참고하자(2010). 공감 능력을 향상시키도록 설계된 컴퓨터 게임이 정말 효과를 내는지는 벨먼(Belman, J.)과 플래너건(Flanagan, M.)의 말대로 조금 더 기다려볼 일이다(벨먼과 플래너건이 2010년에 발표한 연구 논문 참고).

18 참극이 벌어지면 대개 언론은 결국 인류학적으로 피할 수 없는 사건이었다는 식으로 묘사하며, 더 이상 반론의 여지가 없는 '악'을 만들어낸다. 정신과 의사나 다른 전문가들이 여러 측면에서 파헤친 악행의 배경은 언론에서 매번 사소한 것으로 취급되며 맹렬한 비난을 받는다. 흥미롭게도 상당수의 언론인들은 최고 수준의 정신의학자나 심리 전문가들을 공공연히 믿고 의지한다.

19 존 해티(John Hattie)의 메타 분석이 담긴 《비저블 러닝(Visible Learning)》을 읽어보자.

20 지크(Zych, I.) 외(2016, 2019); 사칼(Sagkal, A.S.) 외(2020). 이들을 비롯해 다른 연구진들의 논문을 보면, 시간이 정해져 있는, 이를테면 12주 이상 진행되는 반폭력 프로그램의 시행은 청소년들에게 상당한 효과가 있었으며 공감 능력 향상에 기여하는 것으로 나타났다. 여기에는 역할 놀이, 대화 모임, 워

크숍, 사례 토론 등이 고루 포함되어 있었다. 직접 만든 프로그램으로 메타 분석을 진행한 티나 말티(Tina Malti)는 보다 어린 나이에 시작할수록 더욱더 효과적이라는 사실을 알아냈다. 말티 외(2016).

21 바우어(2007, 2010, 2012, 2015).

22 스스로 공감 능력이 매우 뛰어나다고 여기지만 실제로 주변에선 그렇게 생각하지 않는, 그릇된 자기 평가를 가진 교사들은 주의가 필요하다. 워렌(Warren, C.A.)과 하치킨스(Hotchkins, B.K.)의 논문을 참고하자(2015). "거짓 공감은 실제보다 더 많은 공감을 지닌 것처럼 생각하고 행동하는 개인적 경향으로, 자기애가 강한 나르시시스트들에게서 종종 나타나며, 공감을 이용하여 사회적 관계에서 긍정적인 결과를 이끌어내거나 상대로부터 공감적 반응을 얻으려는 상황에서 드러난다."

23 옵스톨(Opstoel, K.) 외(2019).

24 라비노비치(Rabinowitch, T.-C.) 외(2021).

25 골드스타인(Goldstein, T.R.)과 위너(Winner, E.)의 논문(2021); 하쉬미 외(2020).

26 드메트리우(Demetriou, H.)와 니콜(Nicholl, B.)의 논문(2021). 이들은 13~14세 아이들에게 '디자인 & 테크놀로지'라는 이름의 수업을 진행하며, 천식에 시달리는 아이들이 가지고 다니는 도구를 개선해보라는 임무를 주었다. 자신의 노력이 다른 아픈 친구들에게 도움이 된다는 사실은 프로젝트를 넘어 아이들의 창의성을 현저히 높이는 결과로 이어졌다.

27 디키츠(Djikic, M.) 외(2013); 알메리코(2014).

28 괴리츠 외(2015, 2016).

29 이 영화는 유대인들을 무자비하게 박해하고 살해한 나치 독일을 주제로 다룬다.

30 참가자들의 연대감은 여러 단계로—'전혀 그렇지 않다'부터 '전적으로 그렇다'까지—세분화된 설문을 통해 파악할 수 있다. 이를테면 다음과 같은 문구다. "나는 다른 참가자들에게 강한 유대를 느낀다." "나는 다른 참가자들을 신뢰한다." 다른 사람과 자신이 비슷하다는 느낌은 개인적인 평가가 담긴 문구로 물어보면 된다. "나는 다른 참가자들과 공통점이 많다." 더불어 '타인과 나의 심리적 거리 측정 척도(Other in the Self Scale)'를 활용해 실험 대상이 자기 안에서 다른 사람의 특성을 (직감적으로) 얼마나 많이 발견하게

되는지 알아보는 방법도 있다.

31 연대감이 상승하는 효과는 참가자들이 슬픈 영화를 볼 때에만 일어났다. 유
쾌하거나 재미있는 영화는 이런 효과가 나타나지 않았다.

32 호돈(Hawdon, J.)과 라이언(Ryan, J.)의 논문(2011); 클렙(Klep, A.) 외(2011);
스완(Swann, W.B.) 외(2012); 파에스(Páez, D.) 외(2015).

33 누멘마(Nummenmaa, L.) 외(2012, 2014).

34 나 개인적으로는 이 팬데믹 상황을 지나칠 정도로 심각하게 받아들였다(물
론 지금도 마찬가지다). 일찍이 나는 마스크 착용하는 것을 찬성했다(2020년 봄
에, 적지 않은 전문가들이 마스크가 오히려 해롭다고 주장할 때!). 2021년 봄에는 의
사로서 백신 접종을 독려하는 캠페인에 활발히 참여했다. 그런 까닭에 나는
많은 사람이 비단 바이러스로 인해서만이 아니라 국가의 강력한 예방 조치
로 인해, 사회적·문화적 생활의 붕괴로 인해 고유한 삶을 잃어버렸다는 점
을 꼭 지적하고 싶다.

35 문화의 친사회적 효과는 예술의 형식에 따라 차이가 나기도 하는데, 다음의
두 논문은 이를 잘 보여준다. 코우(Kou, X.), 콘라스(Konrath, S.), 골드스타인
(2019); 키시다(Kisida, B.)와 콘라스(2021). 예술 중에서도 특히 춤이 미치는
효과를 다룬 연구도 있다. 엥겔하드(Engelhard, E.S.)의 논문(2019). 문학의
의미는 디키츠의 논문(2013)을 참고하자.

36 에거만(Egermann, H.)과 맥아담스(McAdams, S.)의 논문(2013); 클라크
(Clarke, E.) 외(2015); 미우(Miu, A.C.)와 부오스코스키(Vuoskoski, J.)의 논문
(2017).

37 쉐퍼(Schäfer, K.) 외(2020).

38 누멘마 외(2021).

39 부오스코스키 외(2016).

40 로네(Launay, J.)의 논문(2015).

41 버지(Bergey, B.P.)의 논문(2019).

42 임마누엘 칸트, 〈계몽이란 무엇인가에 대한 답변(Beantwortung der Frage: Was
ist Aufklärung?)〉, 《베를리니셰 모나츠슈리프트(Berlinische Monatsschrift, 베
를린 월보)》 기고문(1784). 그의 글을 조금 더 인용하면 '지성(Verstand)의 역량'
이 보다 분명해진다. "계몽은 우리 인간이 스스로 초래한 미성숙 상태에서
벗어나는 것이다. 미성숙 상태란 다른 사람의 지도 없이는 자신의 지성

을 사용하지 못하는 무능의 상태이다. 이 미성숙 상태에 대한 책임은 오로지 자기 자신에게 있다. 미성숙의 원인이 지성의 결핍 때문이 아니라 다른 사람의 지도 없이 지성을 사용하겠다는 결단과 용기 부족에 있기 때문이다. 그러니 '감히 알려고 하라(Sapere aude, 사페레 아우데)! 너 자신의 지성을 사용할 용기를 가져라!' 하는 것이 계몽의 표어다."

43 마르쿠스 가브리엘의 저서(2020); 레크비츠(Reckwitz, A.)의 저서(2019).

7장 자연에 대한 공감과 '좋은 삶'

1 슈다(Shuda, Q.) 외(2020); 앤더슨 외(2021); 히메네스(Jimenez, M.P.) 외(2021).

2 위와 동일.

3 브래트먼(Bratman, G.N.) 외(2015); 화이트(White, M.P.) 외(2019); 마르셀(Marselle, M.) 외(2020).

4 소가(Soga, M) 외(2020); 메솔스트(Methorst, J.) 외(2021).

5 폴(Paul, E.)의 논문(2000); 장(Zhang, J.W.) 외(2014); 디 파비오(Di Fabio, A.)와 케니(Kenny, M.)의 논문(2018).

6 패터슨(Patterson, R.) 외(2020). 자가용에서 대중교통으로 갈아탄 경우에도 사망 위험이 두드러지게 감소했다.

7 지구상(특히 브라질과 동남아시아)에서 이루어지는 대규모 숲 개간은 다른 무엇보다 가축을 사육하기 위한 평지를 만들기 위함이다.

8 세계질병부담연구(Global Burden of Diseases, GBD) 보고서(2019).

9 이와 관련하여 임마누엘 칸트는 "의지와 의무의 일치"를 말한 바 있다. 칸트의 저서 《덕론의 형이상학적 기초(Metaphysische Anfangsgründe der Tugendlehre)》 참고(1797).

8장 병에 걸려도 '좋은 삶'이 가능할까

1 여기서 2장에서 언급한 한국의 연구 사례를 떠올린 독자들이 있을지도 모르겠다. 한국은 공동체 문화가 강한 곳으로, 개인의 정체성이 자기가 속한 사회적 집단의 정체성에 (서구 개인주의 문화에서 자란 사람들보다) 매우 짙게 겹쳐진다. 이 연구에서 위협 유전자 활동이 감소한 한국인 피실험자들은 에우다이모니아적 태도를 보였으며, 특별히 '자율성'을 강조했다!

2 굴드(Gould, S.J.)의 논문(2013). 굴드는 2002년에 세상을 떠났다. 해당 글은 그가 사망한 후에 한 잡지에 실렸다.

3 세이빈(Sabin, G.)의 논문(2018); 라다(Radha, G.)와 로푸스(Lopus, M.)의 논문 (2021).

4 로이터 외(2020). 이 책에는 내가 진행한 전문가 인터뷰도 담겨 있다.

5 터너의 논문(2014).

6 오니시(Ornish, D.) 외(1990, 1998).

7 의학적·심리학적 의미에서 트라우마를 간단히 정의하면, 정신적 외상과 관련된 상황을 투쟁 또는 탈출을 통해 벗어나기 어려운, 전적인 무력감과 함께 극도(종종 생명을 위협하는)의 위험에 시달리는 것이다. 트라우마의 전형적인 증상으로는 극심한 공포와 불안의 상승, 병적인 분열, 외상과 관련된 기억의 반복적 침투 그리고 악몽 등이 있다. 트라우마는 당사자뿐만 아니라 그 상황을 곁에서 단순히 보고 들은 제3자에게도 생길 수 있다.

8 테데스키(Tedeschi, R.G.)와 칼훈(Calhoun, L.G.)의 논문(1996, 2004). 빅터 프랭클의 의미치료(Logotherapy)는 외상 후 성장이라는 개념을 촉진시킨 초기 역사에 속한다. 프랭클의 서적 참고(2021).

9 내 경험에 의하면, 남성 환자들의 경우는 보통 (성인이 된) 딸이나 며느리가, 여성 환자들의 경우는 아들이 가장 수월하게 접근하는 편이었다.

10 따라서 병원 의료진들은 음식 섭취에 관한 조언을 할 때 항상 배우자와 (성인) 자녀까지 포함시켜야 한다.

11 이 부분은 방대한 자료 대신 대략적인 개관과 전망이 담긴 연구들만 있다. 렘(Rehm, J.) 외(2019).

12 그로소(Grosso, G.) 외(2017); 로콘테(LoConte, N.K.) 외(2018); 파비드(Farvid, M.S.) 외(2018); 스텍(Steck, S.E.)과 머피(Murphy, E.A.)의 논문(2020); 곤잘레스 외(2020). 특히 마지막 연구 논문은 육류 섭취가 인간 유기체의 병원성 바이러스 또는 발암성 바이러스 감염을 촉진한다는 내용을 담고 있다.

13 오니시 외(1990, 1998); 파텔(Patel, H.) 외(2017); 알-샤르(Al-Shaar, L.) 외 (2020). 알코올이 심장 건강에 도움이 된다는 것은 신뢰할 수 있는 연구들을 통한 입증이 충분히 이루어지지 않았다. 자오(Zhao, J.) 외(2017). 게다가 알코올이 지닌 신경독 작용은 심부정맥을 촉진한다. 이와 관련하여 옥토버페스트(Oktoberfest, 매년 가을 독일 뮌헨에서 열리는 맥주 축제) 방문자들의 알코

올 소비 결과를 들여다본 다소 재미있는 연구도 있으니 참고하자. 브루너(Brunner, S.) 외(2017).

14 루피노(Luppino, F.S.) 외(2010).

15 마 외(2017). 우울증과 관상동맥 질환의 연관성을 다각도로 입증한 알나클리(Alnakhli, A.)의 연구(2021)는 특히 인상적이다.

16 로콘테 외(2018). 우울증과 암 발생 위험 사이의 관계는 다음의 논문을 참고하자. 지아(Jia, Y.) 외(2017); 왕(Wang, Y.-H.) 외(2020).

17 한셀(Hansel, J.)과 사이먼(Simon, P.)의 논문(2007); 카추르(Kachur, S.) 외(2019). 뇌졸중을 겪은 환자들 또한 신경 증상으로 방해받지만 않는다면 신체에 저강도에서 중강도에 이르는 부하를 가해도 되며, 이를 통해 본인의 혈압을 떨어뜨릴 수 있다. 왕(Wang, C.) 외(2019).

18 디투스(Dittus, K.L.) 외(2017); 시걸(Segal, R.) 외(2017); 토마스(Thomas, R.J.) 외(2017); 엘러스(Ehlers, D.K.) 외(2020).

19 신체 활동은 특히 수명 연장 유전자도 활성화시킨다. 덴함(Denham, J.)과 셀라미(Sellami, M.)의 논문(2021).

20 보일(Boyle, C.C.)의 논문(2019).

9장 치매 그리고 인생에 대한 의미 상실

1 '사회신경과학'을 새로이 발전시킨 개척자들로는 레너(Renner, M.J.)와 로젠츠바이크(Rosenzweig, M.R.)가 있으며(1987), 아이젠버거(2006)도 여기에 속한다. 사회신경과학은 내 모든 저서를 관통하는 주제이기도 하다.

2 심각한 우울증에 빠진 사람들에게서 나타나는 일시적인 인지 능력의 상실 또는 저하를 '우울성 가성치매(Pseudodementia)'라고 한다.

3 혈관성 치매 징후와 알츠하이머성 두뇌 변화는 결합되어 한 사람에게 동시에 나타날 수도 있다.

4 바우어, 《알츠하이머병: 신경생물학, 심신의학, 진단 그리고 치료(Die Alzheimer-Krankheit: Neurobiologie, Psychosomatik, Diagnostik und Therapie)》, 샤타우어(Schattauer) 출판사(1994).

5 바우어 외(1991); 스트라우스(Strauss, S.) 외(1992); 바우어와 베르거(Berger, M.)의 논문(1993); 휠(Hüll) 외(1995). 이 발견으로 나는 독일생물학및정신의학회(Deutsche Gesellschaft für Biologische Psychiatrie)에서 주는 연구상을

받았다.

6 바우어 외(1984, 1988, 1989, 1993); 안두스 외(1987); 노르트호프 외(1987); 가이거(Geiger, T.) 외(1988). 인터루킨-6는 최종 이름이 정해지기 전에 간세포자극인자, B-세포자극인자, 인터페론 베타2 등으로 불렸다.

7 콜의 논문(2019).

8 므락(Mrak, R.E.)과 그리핀(Griffin, W.S.T.)의 논문(2001).

9 바우어(1997); 바우어 외(1998).

10 여기서 '거의'란 단어는 표현을 부드럽게 하기 위해 내가 붙인 것이다. 알츠하이머는 확정적으로 말했다.

11 바우어(1994).

12 베커 외(2018).

13 카스(Cass, S.)의 논문(2017); 기타(Guitar, N.A.) 외(2018).

14 바우어(1997).

10장 공감과 인간성 그리고 '좋은 삶'

1 가브리엘(2020).

2 김(Kim, E.S.) 외(2020).

3 호프만(Hofmann, W.) 외(2014).

4 바우어(2020).

5 코이드 외(2013).

6 라트키에비치(Radkiewicz, P.)와 스카르진스카(Skarżyńska, K.)의 논문(2021).

7 펀햄(Furnham, A.) 외(2013).

8 라트키에비치와 스카르진스카의 논문(2021)을 다시 참고하자.

9 바우어(2013).

10 바우어, 《자기 통제: 자유 의지의 재발견(Selbststeuerung: Die Wiederent-deckung des freien Willens)》, 하이네 출판사(2018).

11 여기서 자주 언급되는 (다소 모호한) '지혜'는 내가 보기엔 그리 적절한 개념이 아닌 듯하다. 나는 교육 및 지식의 습득이 기본 덕목이라 생각하며, 그리스 철학자들 또한 이런 뜻으로 지혜를 꼽았으리라 생각한다. 교육과 교양이 전혀 갖춰지지 않은 '현자'를 나는 지금껏 만나본 적이 없으며, 있다 하더라도 그런 이들을 조심할 것이다.

12 브로디(Broadie, A.)의 논문(1988).

13 코루(Çoruh, H.)와 샤 아이딜(Schah Idil, A.H.)의 논문(2021). 하칸 코루와 압둘 하디 샤 아이딜은 오스트레일리아 찰스스튜어트대학교 이슬람연구소에 소속되어 있다.

14 아리스토텔레스, 《니코마코스 윤리학》.

15 여기서 내가 나열한 보편적 가치들은 마르쿠스 가브리엘이 언급한 것과 일치한다. 가브리엘(2020). 유럽의 의미는 아스만의 저서를 참고하자(2018b).

16 뒤츠케(Dütschke, E.) 외(2018).

17 지글리올리(Giglioli, D.)의 저서(2015). 베르가모대학교에서 비교 문학을 가르치는 저자가 펴낸 이 작은 책자는 내가 최근 몇 년 동안 읽은 책 가운데 최고로 꼽힌다.

18 가브리엘(2020).

19 매슬로(1943).

20 바우어(2008).

21 프라이마크(Primarck, B.A.) 외(2014). 이 연구의 표본 집단은 19~32세의 젊은 성인 남녀 1787명으로 구성되었다.

22 트웬지 외(2019). 해당 연구는 820만에 달하는 13~18세 청소년들의 데이터를 바탕으로 했다.

23 헬리웰(Helliwell, J.F.)과 후앙(Huang, H.)의 논문(2013).

24 트웬지 외(2018). 이 연구는 14~18세의 청소년 110만의 데이터를 바탕으로 했다; 트웬지와 캠벨(Campbell, W.K.)의 논문(2018). 이 조사는 4만이 넘는 2~17세의 아동 및 청소년을 대상으로 했다. 다음의 연구 논문도 참고하자. 베르듀인(Verduyn, P.) 외(2015); 메시(Meshi, D.)와 엘리소프(Ellithorpe, M.E.)의 논문(2021).

25 트웬지 외(2019).

26 아돌프 히틀러를 비롯해 다른 나치 부역자들의 연설이 라디오에서 내내 흘러나오며, 대중을 정서적으로 선동한 일을 떠올려보면 된다.

27 골든버그(Goldenberg, A.) 외(2020).

28 크라머(Kramer, A.D.I.) 외(2013). 이 실험은 발표된 이후 윤리적인 문제로 논쟁의 대상이 되었다.

29 브래디(Bradie, W.J.) 외(2017, 2020).

30 바우어, "미디어와 소셜 네트워크는 어떻게 우리를 변화시키는가(Wie Medien und soziale Netzwerke uns verändern)" 강연 참고, https://www.youtube.com/watch?v=2XMq5jcPG9g(2019).

31 콘라스 외(2011).

32 웨이츠와 그레이(Gray, K.)의 논문(2018).

33 가브리엘(2020).

34 아스만(2018b).

35 바우어, 《왜 우리는 행복을 일에서 찾고, 일을 하며 병들어갈까》, 하이네 출판사(2015).

부록: 2021년 카루스 강연 내용

1 독일심신의학회(Deutsche Gesellschaft für Psychosomatische Medizin, DGPM)와 독일심신의학협회(Deutsches Kollegium für Psychosomatische Medizin, DKPM).

도표

표1 고대 그리스와 오늘날의 의미 지향적, 에우다이모니아적 삶(후타와 워터먼의 2014년 논문 참고)

	에우다이모니아	헤도니즘
고대 그리스 철학자 (아리스토텔레스, 아리스티포스)	개인의 잠재력 계발; 선을 목적으로 하는 인간적 행위의 실행을 통한 '번영'	신체적·정신적 쾌락
현대 심리학자 (호나이, 매슬로, 워터먼, 리프)	개인적 성장, 의미/의의, 자기실현, 진정성, 인간관계; 장기적 건강; '잘 사는 인생'Life well-lived'	향유, 안락, 스트레스의 부재; 비용과 편익에 따른 삶의 평가; 노력 기피; '좋은 인생Good life'

표2 리프의 '심리적 안녕감 척도(2014)'에 따른 의미 지향적, 에우다이모니아적 삶의 정의

에우다이모니아적 삶의 차원	강한 특징	약한 특징
자율성	자신의 기준에 따른 평가; 자기통제; 사회적 압력에 대한 저항력	타인의 기대와 평가에 집중; 사회적 압력에 순응
실제 삶의 자세	자신의 욕구와 가치에 따라 삶을 꾸리는 능력	일상을 잘 지내기가 어려움; 기회를 포착하지 못함
개인적 성장	지속적 발전에 대한 욕망; 새로운 경험에 대한 개방성; 자기 인식에 대한 관심	지속적 발전에 대한 관심과 의미의 부재; 생이 지루하고 단조로움

에우다이모니아적 삶의 차원	강한 특징	약한 특징
긍정적 관계	온정과 신뢰가 넘치는 타인과의 관계; 다른 사람에 대한 공감적 관심; 타협 능력	인간 연대에 대한 어려움; 사회적 고립; 타협에 무능
삶의 의미	삶이 중요하다는 느낌; 삶이 의미 있다는 믿음; 삶의 목표	삶의 의미와 목적 의식의 부재; 방향성이 결여된 느낌
자기 수용	자신의 인격에 대한 긍정적인 태도; 자신의 좋은 특성과 덜 좋은 특성 모두 수용	자신의 인격에 대한 불만족; 자기 자신을 향한 분노; 나 아닌 다른 이가 되고 싶은 욕망

표3 키이스의 '정신적 건강 척도-단축형(2009)'에 따른 의미 지향적, 에우다이모니아적 삶의 정의

사회적 차원의 에우다이모니아
• 사회 공동체에 뭔가 의미 있고 유익한 기여를 할 수 있다는 느낌
• 공동체(사회 집단, 이웃)에 속해 있다는 느낌
• 모두가 살아가기에 이 사회가 좋은 곳이라는 느낌
• 인간이 근본적으로 선하다는 느낌
• 사회가 있는 그대로 의미 있다는 느낌

심리적 차원의 에우다이모니아
• 자기 자신을 수용할 수 있다는 느낌
• 자기 일상을 잘 조절하고 조형할 수 있다는 느낌
• 다른 사람들과 다정하고 신뢰 가득한 관계를 맺고 있다는 느낌
• 자신에게 주어진 경험으로 성장할 수 있다는 느낌
• 자신의 생각과 견해를 사유할 수 있으며 표현할 수 있다는 느낌
• 자신의 삶이 의미가 있거나 혹은 방향성이 있다는 느낌

헤도니즘의 기준
• 단순히 행복하다는 느낌
• 삶의 기쁨을 누림, 기꺼이 살아감
• 삶에 대해 만족감을 지님

인명 색인

옮긴이 장윤경

숙명여자대학교에서 정치외교학과 독어독문학을 전공한 뒤, 독일 프랑크푸르트대학교와 다름슈타트대학교에서 공동으로 국제관계학 석사학위를 취득했다. 귀국 후 다양한 분야에서 통번역 활동을 해왔으며, 현재 출판 번역 에이전시 베네트랜스에서 전문 번역가로 활동하고 있다.

옮긴 책으로는 《바람난 의사와 미친 이웃들》《정신과 의사의 소설 읽기》《방구석 시간 여행자를 위한 종횡무진 역사 가이드》《아이가 내 맘 같지 않아도 꾸짖지 않는 육아》《하버드 수학박사의 슬기로운 수학 생활》 등이 있다.

공감하는 유전자

삶의 방향을 바꾸는 인간의 생물학적 본성에 대하여

초판 1쇄 2022년 6월 1일
초판 4쇄 2023년 6월 29일

지은이 요아힘 바우어
옮긴이 장윤경
펴낸이 최경선
펴낸곳 매경출판㈜
책임편집 서정욱 김혜연
마케팅 김성현 한동우 구민지
디자인 김보현 이은설

매경출판㈜
등록 2003년 4월 24일(No. 2-3759)
주소 (04557) 서울시 중구 충무로 2(필동1가) 매일경제 별관 2층 매경출판㈜
홈페이지 www.mkbook.co.kr
전화 02)2000-2612(기획편집) 02)2000-2645(마케팅) 02)2000-2606(구입 문의)
팩스 02)2000-2609 **이메일** publish@mkpublish.co.kr
인쇄 · 제본 ㈜M-print 031)8071-0961
ISBN 979-11-6484-421-0(03100)